Die Romane von André de Richaud

Die Romane von André de Richaud

Sophie Isabel Nieder

Die folgende Arbeit wurde im Jahr 2017 als Masterarbeit im Fach Allgemeine und Vergleichende Literaturwissenschaft an der Freien Universität Berlin verfasst.

Bibliografische Information der Deutschen Nationalbibliothek: Die Deutsche Nationalbibliothek verzeichnet diese Publikation in der Deutschen Nationalbibliografie; detaillierte bibliografische Daten sind im Internet über http://dnb.dnb.de abrufbar.

Umschlagfoto: André de Richaud à 20 ans; © Félix Brouchican (Fonds Georges Brun; Archives Georges Brun), Aix-en-Provence.
Herstellung und Verlag: BoD – Books on Demand, Norderstedt.
ISBN: 9783749409310

"Je ne connais pas André de Richaud. Mais je n'ai jamais oublié son beau livre, que fut le premier à me parler de ce que je connaissais. [...] *La douleur* me fit entrevoir le monde de la création [...]."

Albert Camus, "Rencontres avec André Gide" (117)

"Je ne suis pas mort."

André de Richaud, *Je ne suis pas mort*

Inhaltsverzeichnis

1. Einleitung

"*La douleur* me fit entrevoir le monde de la création" (Camus, "Rencontres avec André Gide" 1117). Camus schreibt 1951 diese bedeutsame Zeile über André de Richauds ersten Roman, *La douleur*, in einer Hommage an den kurz zuvor verstorbenen André Gide. In diesem Text, in dem Camus berichtet, wie er selbst zu schreiben begann, widmet Camus André de Richaud einen ganzen Absatz. In der Tat war die Lektüre von *La douleur* ein Schlüsselerlebnis für den jungen Camus:

> L'année suivante, je rencontrai Jean Grenier. Lui aussi me tendit, entre autres choses, un livre. Ce fut un roman d'André de Richaud qui s'appelait *La douleur*. Je ne connais pas André de Richaud. Mais je n'ai jamais oublié son beau livre, que fut le premier à me parler de ce que je connaissais: une mère, la pauvreté, de beaux soirs dans le ciel. Il dénouait au fond de moi un nœud de liens obscurs, me délivrait d'entraves dont je sentais la gêne sans pouvoir les nommer. Je le lus dans une nuit, selon la règle, et au réveil, nanti d'une étrange et neuve liberté, j'avançais, hésitant, sur une terre inconnue. Je venais d'apprendre que les livres ne versent pas seulement l'oubli et la distraction. Mes silences têtus, ces souffrances vagues et souveraines, le monde singulier qui m'entourait, la noblesse des miens, leur misère, mes secrets enfin tout cela pouvait donc se dire! Il y avait une délivrance, un ordre de vérité, où la pauvreté, par exemple, prenait tout d'un coup son vrai visage, celui que je soupçonnais et révérais obscurément. *La douleur* me fit entrevoir le monde de la création où Gide devait me faire pénétrer (Camus, "Rencontres avec André Gide" 1117).

Wie dieses emotionale Zitat zeigt, hatte die Lektüre von *La douleur* den jungen Camus zutiefst beeindruckt, seine Vision von Literatur verändert und ihm so den ersten Impuls gegeben, selbst zu schreiben. Wer ist dieser Autor, der einen so entscheidenden Einfluss auf den Werdegang Camus ausübte?

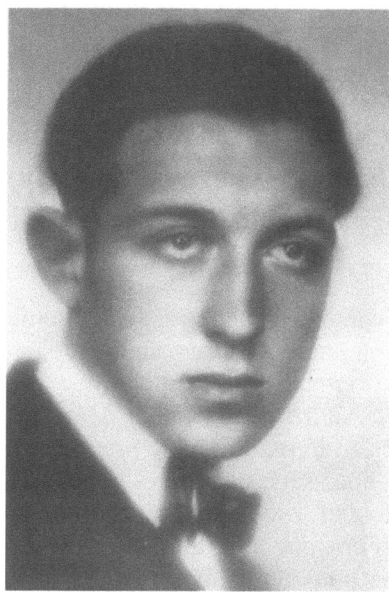

Abbildung 1: André de Richaud als junger Mann, Foto: Manuel Frères/ Grasset (de Richaud et al. 217)

André de Richaud wird 1907 in Perpignan geboren. Im Jahre 1914, nach dem Tod seines Vaters im Ersten Weltkrieg, zieht er mit seiner Mutter zu deren Vater nach Althen-les-Paluds, einem Dorf im Vaucluse, das auch der Schauplatz einiger seiner Romane werden wird. Seine Mutter stirbt 1923 im Alter von nur 40 Jahren. Richaud, zu diesem Zeitpunkt 16 Jahre alt, wird als Internatsschüler am collège von Carpentras aufgenommen. Während der Schulferien lebt er bei seinem Großvater, zu dem er ein schwieriges Verhältnis hat. Bereits

1927 veröffentlicht er seinen ersten Text, die Erzählung Comparses, bei den Éditions des Heures (vgl. de Richaud et al. 235)1. Nach seinem baccalaureat studiert er Philosophie und Jura an der Universität von Aix-en-Provence und schreibt weiterhin. 1928 erscheint La vie de Saint Delteil bei der Nouvelle société d'édition. Ab 1929 arbeitet er als Philosophielehrer am lycée in Meaux. Kurz darauf veröffentlicht er La création du monde, einen kurzen Text in poetischer Prosa bei Grasset. Außerdem schreibt er sein erstes Theaterstück Village (vgl. de Richaud et al. 213).

1930 bewirbt sich Richaud mit dem Manuskript seines ersten Romans *La douleur* für den *Prix du premier roman*, vergeben von der *Revue hebdomadaire*. Die Jury wird auf ihn aufmerksam. Einige der Juroren sprechen sich jedoch aus moralischen Gründen gegen seine Auszeichnung aus (vgl. Le Grix 59-60). Nach erhitzten Diskussionen unter den Jurymitgliedern, die auch zu einer öffentlichen Debatte über Literatur und Moral führen, entscheidet sich die Jury gegen eine Preisverleihung an Richaud (vgl. Le Grix 59-60). Sie gratulieren ihm und setzen die Vergabe des Preises in diesem Jahr aus (vgl. Le Grix 60). Die Entscheidung der Jury wird in einem offiziellen Kommuniqué in der Presse veröffentlicht und löst wiederum eine Kontroverse aus (vgl. La douleur/André de Richaud: Préface 7). Die Verlegenheit, in die der Roman die Juroren des *Prix du premier roman* brachte,

---

[1] Alle hier erwähnten Daten der Veröffentlichungen von André de Richaud sind dem Buch *André de Richaud* (de Richaud et al 235-238) sowie dem Katalog der *Bibliothèque nationale de France* entnommen.

und das öffentliche Interesse, das *La douleur* anschließend zuteil wurde, zeigen, dass der Roman einen Nerv traf.

Die Handlung des Romans ist für die damalige Zeit durchaus gewagt: Thérèse Delombre ist die Witwe eines an der Front im ersten Weltkrieg gefallenen Hauptmanns. Seit Beginn des Krieges lebt sie zusammen mit ihrem zehn- (bzw. elf-)jährigen Sohn Georget in einem kleinen, verlorenen Dorf in der Provence. Als Fremde und Witwe eines Offiziers ist sie im Dorf sozial isoliert. Außerdem leidet sie unter ihren starken sexuellen Wünschen, die sie weder ausleben noch beim Namen nennen darf. Sie ist überzeugt, dass ihr im Leben nichts bleibt als das Warten: das Warten, dass ihr Sohn erwachsen wird und sie verlässt, und dann das Warten auf ihren Tod. Sie konzentriert daher all ihre Aufmerksamkeit auf den kleinen Georget. Eine intensive Beziehung geprägt von Eifersucht und Abhängigkeit entspinnt sich zwischen Mutter und Sohn. Nach einiger Zeit kommt eine Gruppe von Kriegsflüchtlingen ins Dorf. Thérèse entschließt sich, ein Flüchtlingskind bei sich aufzunehmen. Nach kurzer Zeit freundet sich Georget mit dem kleinen Mädchen an und die beiden werden unzertrennlich. Thérèse Delombre wird immer eifersüchtiger und erträgt es nicht, die Liebe ihres Sohns mit einer anderen Person teilen zu müssen. Schließlich bedient sie sich einer Lüge, um das Mädchen wieder loszuwerden: Sie behauptet es habe ihr Geld gestohlen. Georget, der um die Lüge seiner Mutter weiß, nimmt ihr das übel. Die Beziehung der beiden verschlechtert sich, jedoch kehrt nach einiger Zeit wieder der gewohnte Alltag ein. Thérèse entscheidet sich, obwohl sie selbst nicht gläubig ist, Georget zum Katechismusunterricht zu schicken. Georget kommt zum ersten Mal mit der Religion in Kontakt.

Er ist von dieser neuen Welt, die sich ihm nun eröffnet, fasziniert und geht voll in seinem neuen Glauben auf. Die Situation ändert sich, als drei deutsche Kriegsgefangene, die in den Weinbergen als Landwirtschaftshelfer eingesetzt werden, ins Dorf kommen und Thérèse ein Verhältnis mit einem von ihnen, dem schönen Otto Rülf, beginnt. Nach einigen Monaten erfährt schließlich das Dorf durch eine böswillige Bekannte Thérèses von ihrer heimlichen Beziehung mit dem Deutschen. Sie wird vom Dorf gemieden und kurz darauf von Otto verlassen. Der Krieg und die patriotische Propaganda dauern an und Thérèses illegitime Beziehung wird vom Dorf als Verrat am Vaterland betrachtet. Während Thérèse, die zu diesem Zeitpunkt noch nichts von der Feindseligkeit des Dorfs ahnt, an einem Beerdigungsumzug teilnimmt, wird ihr Haus mit den Worten "Bordell Franco-Boche" beschmiert – eine öffentliche Erniedrigung. Zu allem Überfluss ist die verstoßene und verlassene Thérèse auch noch schwanger. Sie denkt ernsthaft an Selbstmord, kann sich aber nicht dazu entschließen und zieht sich aus Scham mehr und mehr zurück. Selbst ihr Sohn, gekränkt von der Vernachlässigung, die er während der Liaison seiner Mutter erfahren hat, und von den Anfeindungen des Dorfs angesteckt, beginnt sie zu verachten. In einem Torpor von Verzweiflung fällt sie eines Tages, hochschwanger, die Treppe hinunter, zerbricht dabei eine Öllampe und setzt das Haus in Flammen. Das Buch endet mit einem (fiktiven) Zeitungsartikel aus der Lokalzeitung *Écho du Ventoux,* in dem berichtet wird, dass Thérèse Delombre im Feuer umgekommen ist. Ihr Sohn Georges, so erfährt man in dem Artikel, konnte gerettet werden, aber er befinde sich auf Grund des Schocks in einer instabilen psychischen Verfassung.

Der Roman wird schließlich im Februar 1931 bei *Grasset* veröffentlicht. Der Verleger Bernard Grasset macht sich den zweifelhaften Ruf des umstrittenen Romans zunutze, indem er Richauds Manuskript unverändert veröffentlicht und ihm ein Vorwort voranstellt. In diesem berichtet er von der Kontroverse bei der Verleihung des *Prix du premier roman* und fordert die Leser dazu auf, sich selbst von der moralischen Unbedenklichkeit des Romans zu überzeugen (vgl. Grasset zitiert in "Les lettres: Art et morale" 465-466). *La douleur* erhält bei seinem Erscheinen viel öffentliche Aufmerksamkeit und löst in der Presse wiederum gespaltene Reaktionen aus. Alles in allem erweist sich der verfehlte Preis als ein großer Erfolg für Richaud, da er ihm zu großer Bekanntheit verhilft.

1932 absolviert Richaud seinen Militärdienst in Paris und veröffentlicht *La fontaine des lunatiques*, eine Art Bildungsroman mit fantastischen Elementen. Im gleichen Jahr werden zwei seiner Theaterstücke, *Le village* und *Le chateau des papes*, unter der Regie von Charles Dullin uraufgeführt. Während dieser Zeit frequentiert er das berühmte Café *Les Deux Magots* und hat dort Kontakt mit vielen Persönlichkeiten der literarischen Szene (vgl. Malves 51). Richaud lehrt noch kurze Zeit in Paris am *lycée* Saint-Louis und gibt dann seinen Beruf als Lehrer auf, um sich ganz dem Schreiben zu widmen (vgl. Malves 52).

1936 veröffentlicht er den Roman *L'amour fraternel* und im darauffolgenden Jahr seinen ersten Gedichtband *Le droit d'asile*. Es folgen weitere Romane: 1938 erscheint *La barette rouge*, 1944 *La nuit aveuglante* und die fiktive

6

"autobiographische Erzählung" *La confession publique*. Er beginnt außerdem einen Romanzyklus, *Les Brunoy*, den er nie fertig stellen wird. Die ersten beiden Bände, *Le mauvais* und *La rose de noël* erscheinen 1945 und 1947. Hinzu kommt 1947 ein Band von Kurzgeschichten mit dem Titel *Le mal de terre*. Zu dieser Zeit ist Richaud mit wichtigen Figuren der literarischen und künstlerischen Szene befreundet und hat berühmte Unterstützer u.a. Albert Camus, Jean Cocteau, Joseph Delteil, Fernand Léger und Pierre Seghers (vgl. Malves 50, 54). Trotzdem bleibt nach *La douleur* der große öffentliche Erfolg aus. Es gelingt ihm nicht, sich durchzusetzen und sein Publikum zu finden. Trotz einiger guter Kritiken gerät er zunehmend in Vergessenheit, wird depressiv und alkoholabhängig (vgl. La douleur/André de Richaud: Préface 8). Er wird weitgehend von Freunden und Unterstützern ausgehalten (vgl. de Richaud et al. 184). Camus kannte ihn vermutlich nur flüchtig, gründete aber zusammen mit einigen anderen Freunden und Bewunderern Richauds einen Verein um ihn finanziell zu unterstützen (vgl. de Richaud et al. 184). Zwischen 1950 und 1958 lebt Richaud in ärmlichen Verhältnissen in einem heruntergekommenen Hotel der Rue des Canettes. Die Wirtin dieses Hotels ist interessanterweise Prousts ehemalige Gouvernante Celeste Albaret (vgl. La douleur/André de Richaud: Préface 8). Trotz seiner Armut und seiner schlechten gesundheitlichen und moralischen Verfassung veröffentlicht Richaud weitere Texte. 1956 erscheint der Roman *L'étrange visiteur*. Außerdem werden hin und wieder Theaterstücke von ihm aufgeführt und 1954 verlegt Pierre Seghers seinen Gedichtband *Le droit d'asile*, in dem er Richauds bereits 1937 erschienenen Gedichte durch die in den folgenden Jahren erschienenen ergänzt. Richaud erhält den *Prix Appolinaire* für diese Gedichtsammlung (vgl. de Richaud et al. 215).

Mit nur 51 Jahren lässt sich Richaud 1958 schließlich in ein Altenheim in Vallauris im Süden Frankreichs einweisen. Sein Aufenthalt dort ist aufgrund der Angabe eines falschen Geburtsdatums möglich (vgl. La douleur/André de Richaud: Préface 8). Er lebt zurückgezogen und mit der Unterstützung einiger enger Freunde. In Paris geht das Gerücht um er sei tot (vgl. Morel). In Vallauris verfasst er 1965 die autobiographische Erzählung *Je ne suis pas mort*. Robert Morel, einer von Richauds alten Freunden, nimmt Kontakt mit ihm auf, nachdem er zufällig erfährt, dass der totgeglaubte Autor noch am Leben ist, und veröffentlicht kurz darauf *Je ne suis pas mort* (vgl. Morel). Die literarische Presse entdeckt ihn wieder und der Text wird zu Richauds letztem großen Erfolg. François Mauriac schreibt eine enthusiastische Kritik und Marcel Ayme weist sogar André Malraux, den damaligen Kulturminister, in einem offenen Brief auf das Buch hin (vgl. Brun 11-12). Ihm wird der *Prix Roger Nimier* verliehen (vgl. Brun 11-12). André de Richaud hat allerdings wenig Zeit seinen neu gewonnenen Ruhm zu genießen. Im Jahr 1968 stirbt er im Alter von 61 Jahren an einer Lungenentzündung.

1970 werden posthum die fiktiven Memoiren *Il n'y a rien compris* veröffentlicht. Des Weiteren erscheinen mehrere Bände mit gesammelten Kurzgeschichten, die bis dahin noch gar nicht oder ausschließlich in Zeitschriften veröffentlicht worden waren: *Retour au pays natal* (1985), *La Part du diable* (1986), *Le noël du père Bonnet* (2008), *Quatre nouvelles* (2009), *Pays natal, pays mortel* (2009) und zuletzt *Échec à la concierge* (2012). Im Jahr 2012 wird sein Roman *La nuit aveuglante* mit dem *Prix nocturne* der Revue *Fictions* ausgezeichnet (vgl. Virot 61). Aufgrund seines tragischen Schicksals, in dem sich Ruhm und Vergessenheit abwechseln, hat Richaud bis heute den Ruf eines "écrivain maudit" (vgl. Virot 153).

Die Werke Richauds werden seit seiner Wiederentdeckung in den 1960er Jahren durch Robert Morel immer wieder bei verschiedenen Verlagen in Frankreich veröffentlicht. Es ist erstaunlich, dass Richaud, trotz seines wichtigen Einflusses auf die Literatur seiner Zeit und trotz seines glänzenden und skandalumwitterten Auftritts auf die literarische Bühne im Jahre 1930, gegenwärtig nur wenigen bekannt ist. Keiner seiner Texte, mit Ausnahme von der Erzählung *Je ne suis pas mort*, die 2002 in einer Übersetzung von Esther von der Osten in *Lettre International* veröffentlicht wurde, ist bisher ins Deutsche übersetzt worden und auch in der Literaturwissenschaft, sowohl in Frankreich als auch in Deutschland, ist der Autor André de Richaud heute verkannt. Diese Lücke soll hier geschlossen werden. Im Anschluss an diese Arbeit habe ich vor, *La douleur* ins Deutsche zu übersetzen.

Wie bereits erwähnt, liegt kaum Sekundärliteratur zu Richaud vor, die als Grundlage für diese Arbeit verwendet werden könnte. Zu den wenigen Richaud gewidmeten längeren Schriften zählen *André de Richaud* (ein 1985 von Patrick Cloux herausgegebener Sammelband mit unveröffentlichten Texten, Interviews, Briefen und Fotos von und über Richaud), *Sol y sombra: Joseph Delteil et André de Richaud* (ein 1996 erschienener vergleichender Aufsatz über

9

Richaud und Delteil), *Visions de Richaud* (ein biographischer Essay von Ivan Mécif aus dem Jahr 2008) und einige wenige ältere Publikationen. Diese Beiträge haben gemeinsam, dass sie sich hauptsächlich auf Richauds Persönlichkeit und seine Biographie konzentrieren. Sie sind daher für diese Arbeit nur bedingt hilfreich.

Im Rahmen dieser Arbeit soll nur ein Teil von Richauds Werk untersucht werden: seine Romane. Aufgrund von Richauds großer literarischer Produktivität würde eine Betrachtung seines Gesamtwerks hier zu weit führen. Es gilt nun zu determinieren, welche seiner narrativen Texte in die Kategorie "Roman" fallen. Eines der hier zur Unterscheidung ausgewählten Kriterien ist die Länge der Texte: *La création du monde* und *Je ne suis pas mort* sind deutlich kürzer als beispielsweise *La douleur* oder *La fontaine des lunatiques*. Es scheint mir somit sinnvoller diese Texte als Erzählungen oder Kurzgeschichten zu bezeichnen. Für die noch kürzeren Texte, die mit dem Begriff "nouvelle" im Peritext veröffentlicht wurden, wie beispielsweise *Automne*, *Comparses* oder *Le mal de terre* erübrigt sich die Frage. Ein weiteres Kriterium, das ich zur thematischen Eingrenzung dieser Arbeit einführen möchte, ist die (scheinbar) autobiographische Dimension seiner erzählerischen Werke: *La confession publique*, *Je ne suis pas mort* und der posthum erschienene Text *Il n'y a rien compris* fallen in diese hybride Kategorie. Robert Morel, der Verleger dieser Werke, beschreibt diese Art von Text folgendermaßen: "livre[s] où la confession […] virait au roman quand la confession apparaissait dangereuse" (Morel). Man könnte diese Texte vielleicht, was Länge und Inhalt betrifft, als Romane bezeichnen, allerdings unterscheiden sie sich von Richauds anderen Romanen, indem sie die Form eines fiktionalisiert-autobiographischen in der ersten Person Singular geschriebenen Bekenntnisses annehmen – im Gegensatz zu Richauds anderen Romanen, in denen die Erzählerstimme zumeist extradiegetisch ist und in der dritten Person spricht. Des Weiteren bedarf die Untersuchung dieser hybriden Textart zwischen Autobiographie und Roman meines Erachtens anderer Fragestellungen und Vorgehensweisen als die Untersuchung von Richauds klassischeren Romanen. Aus diesem Grund soll diese Arbeit sich auf die Betrachtung folgender Romane beschränken: *La douleur*, *La fontaine des lunatiques*, *L'amour fraternel*, *La barette rouge*, *La nuit aveuglante*, *Le mauvais*, *La rose de noël* und *L'étrange visiteur*. Ein Schwerpunkt soll hierbei auf *La douleur*, Richauds erstem Roman liegen.

Die vorliegende Arbeit, die als Einführung zu André de Richauds Werk als Romancier gedacht ist, widmet sich folgenden Aspekten seiner Romane: Im ersten Teil wird die These aufgestellt, dass Richauds Romane in der Tradition des Gesellschaftsromans stehen. Hierzu werden in vergleichenden Lektüren einige Charakteristika der Romane herausgearbeitet, die für die Zugehörigkeit zu dieser literarischen Gattung sprechen. Im zweiten Teil werden Richauds Romane im Zusammenhang mit dem Existenzialismus betrachtet. Ich argumentiere, dass Richaud einerseits als Vorreiter des Existenzialismus betrachtet werden kann und dass, anderseits, seine späteren Romane von der Literatur und Philosophie des Existenzialismus beeinflusst wurden. Diese These wird durch existenzialistische Lektüren seiner Romane untermauert. Der dritte und vierte Teil sind *La douleur* gewidmet. In Teil drei geht es um die Rezeption des Romans bei seinem Erscheinen im Jahr 1931. Anhand der zahlreichen in der Presse erschienen Rezensionen soll der Frage nachgegangen werden, was 1931 an *La douleur* als skandalös wahrgenommen wurde. Im Anschluss wird ein wiederkehrender Aspekt der Rezensionen von *La douleur* diskutiert werden: die Kritik an der *invraisemblance* des Romans. Ich analysiere die damals veröffentlichten Zeitungsartikel und versuche zu interpretieren, was die Implikationen dieser Kritik sind und worauf sie abzielt. Zuletzt nehme ich im vierten Teil eine stilistische Charakterisierung von *La douleur* und eine Interpretation einiger stilistischer Besonderheiten des Romans vor. Ich hoffe durch die Einordnung der Romane in ihren literarischen und historischen Kontext, durch die Interpretationsansätze und die stilistischen Charakterisierungen einen Einblick in das Werk von André de Richaud geben zu können und das literaturwissenschaftliche Interesse an diesem verkannten Autor zu wecken.

2. Richaud und der Gesellschaftsroman

"Le long des bâtiments s'étendait un large fumier, de la buée s'en
élevait, et, parmi les poules et les dindons, picoraient dessus cinq
ou six paons, luxe des basses-cours cauchoises."
Gustave Flaubert, *Madame Bovary* (73)

"Souvent, ils justifiaient leur présence aux champs en cueillant des
aubépines pour la fermière. Ils avaient tout intérêt à rester là, à se
faire oublier, et, parmi les poules et les dindons, apportaient aux
paysans rassurés, la froide politesse de l'Allemagne."
André de Richaud, *La douleur* (26)

"Il est difficilement imaginable aujourd'hui qu'on puisse
défendre la thèse selon laquelle tout, dans l'œuvre, est
individuel, produit inédit d'une inspiration personnelle, fait
sans aucun rapport avec les œuvres du passé" schreibt Tzvetan
Todorov in *Introduction à la littérature fantastique* (11). Es ist
demnach für die Betrachtung eines literarischen Texts
keineswegs belanglos, in welche literarische Tradition und in
welche literarische Gattung (Genre) – oder welche Gattungen,
denn ein Text kann durchaus mehrere aufweisen (vgl. Todorov
12) – dieser Text eingeordnet werden kann, denn "Les genres
sont précisement ces relais par lesquels l'œuvre se met en
rapport avec l'univers de la littérature" (Todorov 12). Eine der
wiederkehrenden positiven Kritiken in den Rezensionen von
Richauds Romanen ist ihre Darstellung der Gesellschaft,
beispielsweise steht in einem Artikel des *Nouveau journal*
über Richauds Roman *La douleur*: "Le lecteur […] appréciera
dans le talent de M. Richaud le don qu'il a […] de rendre
vivante cette réalité collective que sont un village et un pays"

(Emmerod). In diesem Kapitel soll die These aufgestellt werden, dass Richaud, sowohl was die literarische Form als auch was den Inhalt seiner Romane betrifft, in der Tradition des Gesellschaftsromans steht – ob und inwiefern das der Fall ist soll anhand von Textbeispielen, Interpretationen und Vergleichen zu anderen Gesellschaftsromanen ausführlich diskutiert werden.

Silke Müller und Susanne Wess definieren den Gesellschaftsroman folgendermaßen:

> Nach Vorformen im Mittelalter, im Barock und in der Klassik findet der Gesellschaftsroman im 19. Jahrhundert mit der Übernahme der gesellschaftlichen Führung durch das Bürgertum seine endgültige Gestalt. Er ist ein Roman, der [oft] in chronologischem Ablauf mit vielen Handlungssträngen das [...] Gesellschaftsleben einer Zeit und die daraus entstehenden Konflikte aufzeigt. Somit ist er teils Verkörperung des Gesellschaftsgeistes [...], teils Kritik an der Gesellschaft oder regt zu deren kritischen Analyse an. (Müller und Wess 83).

Man kann dieser Definition hinzufügen, dass der Gesellschaftsroman "häufig als satirischer Gesellschaftsroman auf[tritt]. Ihm kann neben dem [...] historischen Panorama-Roman auch der sozialkritische Roman und der satirische Roman zugeschlagen werden" (Anz et al. 636).

Als Hauptvertreter des Gesellschaftsromans gelten beispielsweise Jane Austens *Sense and Sensibility*, Stendhals *Le rouge et le noir*, Gustave Flauberts *Madame Bovary*, Honoré de Balzacs *Le médecin de campagne* und Lew Tolstois *Anna Karenina* (vgl. Müller und Wess 83). Der Gesellschafts-roman ist zwar ein charakteristisches Phänomen des 19. Jahrhunderts, trotzdem ist er keineswegs zeitlich an dieses

14

gebunden. So wird etwa auch Robert Musils *Der Mann ohne Eigenschaften* aus dem Jahr 1930 häufig als einer der typischen Vertreter des Gesellschaftsromans genannt (vgl. Müller und Wess 83).

Das wörtliche Äquivalent des Begriffs Gesellschaftsroman im Französischen ist *roman social*. Jedoch bezieht sich der Begriff *roman social* nicht auf genau das Gleiche wie der Begriff Gesellschaftsroman. In der literaturwissenschaftlichen Tradition wird als *roman social* häufig ein Roman bezeichnet, der sich nicht nur mit der Gesellschaft, sondern spezifisch mit dem "milieu populaire", also der Arbeiterklasse, auseinandersetzt, wie dies zum Beispiel in einigen von George Sands oder Émile Zolas Romanen der Fall ist (vgl. Biermann 81). Insofern sollten diese beiden Begriffe unterschieden werden.

Die Bezeichnung Gesellschaftsroman überschneidet sich außerdem mit der ca. 1827 in Frankreich etablierten Bezeichnung *roman de moeurs* bzw. mit der englischen *novel of manners*, die auch häufig (und missverständlicherweise) als Übersetzung des Begriffs Gesellschaftsroman genannt werden (vgl. Anz et al. 636; vgl. Switzer 566-567). Ein wichtiger Unterschied ist aber, dass in den meisten Definitionen des *roman de moeurs* (sowie in denen der *novel of manners*) betont wird, dass die Darstellung der Sitten der Gesellschaft die ausschließliche *raison d'être* dieser Art von Roman sind. So schreibt etwa Richard Switzer:

> This creation of a new term [...] reflects essentially the evolution that was taking place in this type of novel: it was becoming to the exclusion of almost all else, the vehicle for the portrayal of manners. Plot and character

15

delineation were becoming subservient to [...] all that concerned manners (Switzer 567).

Auch die Definition der *novel of manners* betont dies "The conventions of the society dominate the story, and characters are differentiated by the degree to which they measure up to the uniform standard, or ideal of behaviour or fall below it" ("Novel of manners"). Auch hier werden Balzac und Flaubert als Standardbeispiele genannt, jedoch fallen sie meines Erachtens streng genommen nicht in diese Kategorie. Zwar interessieren sich sowohl Flaubert als auch Balzac offensichtlich für die *mœurs* – der Untertitel von *Madame Bovary* lautet nicht umsonst *mœurs de province* und auch Balzac spricht in seinem Vorwort zur *La comédie humaine* über sein Vorhaben eine Geschichte der *mœurs* zu schreiben (vgl. de Balzac 66) – aber sind ihre Charaktere nur "vehicle" für die Darstellung sozialer Konventionen? Schließen diese Romane wirklich fast alles aus, was nicht zum Portrait der Sitten beiträgt? Ich schließe mich diesbezüglich Georg Lukácz an, der über Balzac schreibt:

> Dieses "Gesellschaftlich-Allgemeine" tritt bei Balzac nie direkt in den Vordergrund. Seine Menschen sind nie bloße "Figuren", die bestimmte Seiten der zu beschreibenden gesellschaftlichen Wirklichkeit ausdrücken. Die Gesamtheit der gesellschaftlichen Bestimmungen drückt sich ungleichmäßig, kompliziert, verworren, widerspruchsvoll in dem Gewirr von persönlichen Leidenschaften und zufälligen Geschehnissen aus (Lukács 53).

Die geläufige Definition des *roman de mœurs/novel of manners* ist meines Erachtens zu einschränkend und vereinfachend. Richauds Romane beschäftigen sich auch nicht

16

ausschließlich mit der Arbeiterklasse, wie die Definition des *roman social* es besagt. Die Gesellschaft, ihre Konventionen und Milieus spielen eine wichtige Rolle und werden häufig kritisiert, jedoch würde man Richauds Romanen nicht gerecht, wollte man sie ausschließlich auf diesen Aspekt reduzieren. Aus diesem Grund grenze ich mich hier, wenn ich den Begriff des Gesellschaftsromans wähle, bewusst von den benachbarten Genrebezeichnungen *roman social*, *roman de mœurs* und *novel of manners* ab. Es handelt sich zwar um eine sehr allgemein gehaltene und vorwiegend thematische Definition, jedoch sollte beachtet werden, dass "der Roman als Gattungsbündel anzusehen ist, das sich in wandelnden Formen präsentiert, welche ihrerseits ständig miteinander ver- schmelzen, Kombinationen eingehen und transgressiv parodistisch über sich hinauswachsen" (Anz et al. 637). Deshalb scheint mir die Wahl einer relativ weiten Definition der Gattung hier sinnvoll.

2.1 Romanzyklus und Familiensaga

1942 beginnt Richaud seine Familiensaga *Les Brunoy* mit dem Roman *Le mauvais*. Im folgenden Jahr erscheint *La rose de noël*, der zweite Band, der sich ebenfalls dem Schicksal der Familie Brunoy widmet. Richaud stellte den als Tetralogie geplanten Romanzyklus allerdings nie fertig. Indem er die Form des einer Familie gewidmeten Romanzyklus wählt, stellt sich Richaud in die Reihe seiner berühmten Vorgänger. Der Romanzyklus wurde im 19. Jahrhundert, vor allem dank Balzac und seiner *Comédie humaine*, zu einem beliebten literarischen Verfahren. Balzac bezeichnete seine Romane als

17

étude de mœurs (vgl. de Balzac 73). Er kommunizierte mit dieser Bezeichnung sein quasi wissenschaftliches Vorhaben, das darin bestand eine Gesamtdarstellung der französischen Gesellschaft zu erschaffen (vgl. de Balzac 64). Auch Zola übernahm die Form des Romanzyklus. Seine aus 20 Bänden bestehende Romanserie *Les Rougon-Macquart* ist dem Schicksal verschiedener Mitglieder einer weit verzweigten Familie gewidmet, anhand derer er verschiedene soziale Milieus untersucht. Im Gegensatz zu Balzac oder Zola, versucht Richaud in seinen Romanen nicht, eine panoramische Vision der französischen Gesellschaft und ihrer verschiedenen geographischen, beruflichen und sozialen Kategorien zu schaffen. Wie Flaubert interessiert sich auch Richaud vorwiegend für die Sitten der französischen Provinz. Die in Richauds Romanen dargestellten Teile der Gesellschaft sind räumlich und zeitlich begrenzt. All seine Romane beschäftigen sich mit dem sozialen Leben in Dörfern und Kleinstädten im Süden Frankreichs. Die große Mehrheit seiner Romane spielt Anfang bis Mitte des 20 Jahrhunderts in der Provence im Comtat Venaissien, also in der Region, in der André de Richaud seine Kindheit und Jugend verbrachte.

Le mauvais, der erste Band von Richauds Romanserie, erzählt die Geschichte von Michel Brunoy und seiner Familie. Michel ist der achtzehnjährige Sohn einer verarmten Müllerfamilie in der Provence. Er ist ein Außenseiter, selbst in seiner eigenen Familie. Seine Eltern und seine Schwester halten ihn für einen schlechten Menschen, weil eine Wahrsagerin den Eltern vor der Geburt prophezeit hatte, er werde die Familie ins Unglück stürzen. Wie in der Familiensaga seines naturalistischen Vorgängers, Zola, spielen auch in *Les Brunoy* die verschiedenen sozialen Milieus und Klassen eine wichtige Rolle. Richaud präzisiert für alle Figuren des Romans, welcher sozialen Klasse sie angehören und ordnet sie in ihren sozialen Kontext ein. Es wird beispielsweise beschrieben, dass die Familie von Félix Brunoy (Michels Vater) vor dessen Hochzeit, recht wohlhabende "travailleur[s] aisés" (de Richaud, *Le mauvais: Les Brunoy* 31) gewesen waren. Den sozialen Unterschieden innerhalb der Familie wird im Roman eine besondere Aufmerksamkeit gewidmet. Im Gegensatz zu Félix Brunoy stammte seine Frau Marie aus einer weniger wohlhabenden lokalen Familie, sie hatte jedoch eine Erziehung im Kloster genossen und somit ein kulturelles Kapital mit in die Ehe gebracht, weshalb beide Familien die Heirat gutgeheißen hatten. Soziale Unterschiede bestehen auch zwischen Félix Brunoy und seinem Bruder Cyrille. Anders als Félix hatte Cyrille, dank der Eltern, die ihn auf verschiedene staatliche Schulen geschickt hatten, den sozialen Aufstieg geschafft. Er war Arzt in der Marine geworden und hatte die Tochter eines wohlhabenden kleinbürgerlichen Marseiller Seifenhändlers geheiratet. Er gehört somit einer anderen gesellschaftlichen Klasse an und hält sich seit seinem Aufstieg vom Rest der Familie fern. Die sozialen Unterschiede führen in *Le mauvais* zu Konflikten zwischen den Figuren und sind somit der "Motor" der Handlung: Der Unterschied in der Erziehung und im sozialen Umfeld führt zu Spannungen in der Ehe zwischen Marie und Félix Brunoy, denn Marie fühlt sich ihrem Mann überlegen und wird in ihren sozialen Aufstiegsambitionen enttäuscht. Die unglückliche Ehe, Félix' Abneigung gegen das Müllerhandwerk und seine wiederholten erfolglosen

Versuche, seinen Lebensunterhalt anders als seine Vorfahren zu verdienen, führen entgegen seiner Absicht zur Verarmung und zum sozialen Abstieg der Familie. Der Unterschied in Vermögen und sozialem Milieu zwischen Cyrille und Félix, die Verachtung des ersteren und der Neid des letzteren, führen zu ständigen Konflikten. Michels Außenseiterstatus in seiner Familie hingegen bewirkt, dass sein Onkel Cyrille Sympathie für ihn empfindet und ihm schließlich einen Teil seines Erbes schenkt, was zur Folge hat, dass Michel am Ende des Romans aufgrund eines Missverständnisses von seiner Familie als Dieb gebrandmarkt wird. Anhand der Geschichten der verschiedenen Mitglieder der Familie Brunoy ergründet André de Richaud die sozialen Unterschiede und die Spannungen, die daraus entstehen. Der Titel seiner Romanserie *Les Brunoy* kann als Anspielung auf einige berühmten Werke des Realismus und Naturalismus gesehen werden, wie Zolas *Les Rougon-Macquart* oder Roger Martin du Gards *Les Thibault*. Richaud ordnet sich durch die Form und den Titel des Romans sowie durch den Akzent, den er auf Konflikte zwischen sozialen Klassen setzt, in diese Tradition ein.

Ein Aspekt, in dem sich Richauds Interesse an sozialen Klassen stilistisch äußert, ist die Sprache seiner Figuren. Richauds Romane enthalten viel wörtliche Rede und viele Beschreibungen der Redeweise der handelnden Figuren. Die Charaktere werden durch ihre Sprache als Mitglieder ihrer sozialen Klasse dargestellt. In Richauds Roman *La douleur* beispielsweise wird die wörtliche Rede einiger Bauern auf Provenzalisch mit anschließender französischer Übersetzung in Klammern wiedergegeben: "Pamens, me sarieou fa coupa la testo (Pourtant je me serais fait couper la tête qu'il pleuvrait!)" (de Richaud, *La douleur* 100). Sie werden somit sowohl geographisch als auch in ihren sozialen Kontext (Region und Klasse) eingeordnet und sprachlich von (klein-)bürgerlichen, französischsprachigen Charakteren, beispielsweise Thérèse Delombre und Madame Gardet, abgegrenzt.

Ein weiteres Beispiel dafür, dass Richaud ein besonderes Augenmerk auf soziale Unterschiede legt und auf die Art und Weise, wie diese sich sprachlich ausdrücken, ist die Nebenfigur Thérèse Alban in *Le mauvais*. Thérèse Alban ist die "dame de compagnie", die sich um Michels kranke Großmutter kümmert, und deren soziale Klasse sich durch die Art und Weise, wie sie französisch spricht, offenbart:

> Fille de paysans, quand elle était jeune, elle a conduit une tante bossue à Lourdes. L'autre croyait que la Vierge la soulagerait de sa bosse. Elle est revenue avec, mais un autre miracle s'était produit pour Thérèse. Elle qui n'était jamais sortie de son trou, qui n'avait parlé que provençal, de voir tant de trains, d'automobiles, a eu la tête tournée. Depuis, il y a quarante ans de cela, elle ne parle que français pointu. Je vous demande un peu! Et quel français! Par exemple, en provençal, une rue se dit carrière. Alors quand elle parle du fils Bonnefoy qui est aux écoles pour être officier, elle dit: 'Il veut faire sa rue!' Si c'est pas à crever de rire. Elle [la grand-mère Brunoy] personnellement n'aurait rien vu là de risible, mais c'est Cyrille, une escale où il était de bonne humeur, qui lui a raconté ça et ça l'a fait rire (de Richaud, *Le mauvais: Les Brunoy* 218-219).

In dieser Szene wird die Beherrschung des Französischen als soziales Ausschlusskriterium dargestellt. Thérèse Albans soziale Ambitionen, aus ihrer sozialen Klasse aufzusteigen, manifestieren sich dadurch, dass sie nunmehr nur noch französisch spricht und die provenzalische Sprache, die mit den Bauern der Region assoziiert wird, aufgibt. Der soziale Aufstieg, den sie durch ihre größere Mobilität und das Lernen der französischen Sprache zu vollzogen haben glaubt, ist ihr nicht vollständig gelungen. Dies zeigt sich dadurch, dass sich Cyrille, der durch seine Karriere als Arzt den Aufstieg in den Mittelstand geschafft hat, sich über ihre unkonventionelle Verwendung des Französischen lustig macht. Selbst die Großmutter Brunoy, der Thérèse Albans Fehler im französischen Vokabular zuerst gar nicht aufgefallen waren, wird vom Klassenbewusstsein ihres sozial aufgestiegenen Sohnes angesteckt und fühlt sich Thérèse Alban überlegen. Die gesamte soeben zitierte Passage kann der Fokalisation der Großmutter zugeordnet werden. Ihre eigene Ausdrucksweise ist sehr umgangssprachlich ("Je vous demande un peu!") und entspricht nicht den grammatischen Normen, beispielsweise sagt sie "Si c'est pas à crever de rire" anstelle von "Si ce n'est pas à crever de rire". Sie legt eine überhebliche Einstellung gegenüber ihrer Pflegerin an den Tag, obwohl ihre eigene Ausdrucksweise sich nicht wesentlich von der Thérèse Albans unterscheidet. Das kann als Ironie ausgelegt werden: eine Ironie, die den Snobismus der Großmutter als lächerlich entlarvt. Auch bei Zola sind die sprachlichen Unterschiede ein Ausdruck der verschiedenen sozialen Schichten, denen die Figuren angehören, wie zum Beispiel die folgende Stelle aus *Germinal* deutlich macht:

> Etienne, légèrement, avait poussé le coude de Maheu; et celui-ci repris, la langue déjà empâtée et maladroite:
>
> —Alors, monsieur, c'est tout ce que vous répondez… Nous allons dire aux autres que vous repoussez nos conditions.

> –Moi, mon brave, s'écria le directeur [Hennebeau],
> mais je ne repousse rien!... Je suis un salarié comme
> vous, je n'ai pas plus de volonté ici que le dernier de
> vos galibots [...]. Vous m'apporterez vos exigences, je
> les ferai connaître à la Régie, puis je vous transmettrai
> la réponse.
>
> Il parlait de son air correct de haut fonctionnaire,
> évitant de se passionner dans les questions, d'une
> sécheresse courtoise de simple instrument d'autorité
> (Zola 190).

Hennebeau ist der Direktor der Gesellschaft, die die Mine
besitzt, in der Maheu arbeitet. Er dominiert die Konversation
dadurch, dass er die Sprechkonventionen hochrangiger
Beamter beherrscht. Maheu, der ihn aufsucht, um bessere
Arbeitsbedingungen für sich selbst und die anderen
Minenarbeiter zu fordern, beherrscht diese Gesprächs-
konventionen nicht, was ihn verunsichert. Das wirkt sich auch
auf sein Sprechen aus ("la langue déjà empâtée et maladroite").
Hennebeaus Beherrschung der Sprache der hochrangigen
Beamten wird ein Instrument zur Ausübung von Macht über
die streikenden Arbeiter. Wie Thérèse Alban wird auch Maheu
aufgrund seiner abweichenden Sprache von einem
(vermeintlichen) Mitglied einer höheren sozialen Klasse nicht
ernst genommen: Thérèse Albans wird ausgelacht und die
Forderungen Maheus und der anderen Arbeiter mit der
Ausrede abgespeist, Hennebeau habe keinen Einfluss. Sowohl
bei Zola als auch bei Richaud ist die Darstellung der
verschiedenen Redeweisen der Figuren ein Mittel, um soziale
Hierarchien darzustellen. Richaud macht, wie sein bekannter
Vorgänger Zola, soziale Schichten, ihre Redeweisen und die

Konflikte, die sich darin widerspiegeln, zum Thema seiner Romane.

In Balzacs Romanserie *La comédie humaine* wird die Einheit des Zyklus unter anderem durch wiederkehrende Figuren gewährleistet. Der Arzt Horace Bianchon erscheint beispielsweise in 24 verschiedenen Romanen. Somit kommuniziert Balzac, dass sein Werk in seinem Gesamtzusammenhang, nämlich als eine panoramische Gesamtdarstellung der französischen Gesellschaft, zu verstehen ist. Auch Richaud wendet dieses Verfahren in seinen Romanen an, beispielsweise in *L'amour fraternel*. Dieser Roman erzählt die Geschichte zweier Brüder, Henri und Marc. Henri, ein junger Landbesitzer, lebt zurückgezogen auf dem Land, zusammen mit der Bauernfamilie, die sein Land bestellt und sich um den Hof kümmert. Eines Tages besucht ihn sein älterer Bruder Marc, der in Paris lebt und den er seit zehn Jahren nicht mehr gesehen hat. Beide Brüder geben sich Mühe, eine freundliche Beziehung zueinander aufzubauen, aber der Versuch misslingt. Sie beginnen sich zu hassen, Henri beginnt zu trinken und wird krank. Die Situation gerät zunehmend außer Kontrolle und endet mit Marcs Selbstmord. In *L'amour fraternel* kommt eine Figur namens Georges Delombre vor. Er ist ein Pariser Freund des Protagonisten Marc. Georges Delombre ist ebenfalls der Name einer Figur aus Richauds ersten Roman, *La douleur*. In *La douleur* ist Georges Delombre 11 Jahre alt. Am Ende des Romans berichtet ein Zeitungsartikel, dass seine Mutter, Thérèse Delombre, in einem Brand stirbt, während Georges überlebt, jedoch durch den Vorfall in eine prekäre psychologische Verfassung gerät.

24

Ist der Georges Delombre in *L'amour fraternel* der gleiche wie der kleine Georget in *La douleur*? Das ist keineswegs sicher, denn es könnte sich auch um zwei verschiedene Figuren mit dem gleichen Namen handeln. Der kleine Georges ist einer der Protagonisten in *La douleur*, während Georges Delombre in *L'amour fraternel* eine nur einmal kurz vor Ende des Romans erwähnte Nebenfigur ist. Einer der beiden gleichnamigen Figuren lebt auf dem Land, der andere hat den Großteil seines Lebens in Paris verbracht. Auch ihre charakterliche Beschreibung ist verschieden: Der kleine Georges Delombre in *La douleur* wird als melancholisches, verunsichertes und einzelgängerisches Kind dargestellt. Georges Delombre wird in *L'amour fraternel* durch einen Brief charakterisiert, in dem er Marc dazu auffordert, das Landleben mit seinem Bruder hinter sich zu lassen, und zurück zu ihm und seinen anderen Freunden nach Paris zu kommen. Georges versucht Marc zu überzeugen, indem er ihm schreibt, dass er, Marc, fürs Lachen und Trinken gemacht sei (vgl. de Richaud, *L'amour fraternel* 251-252). Auf Grundlage des Briefs kann die Figur Georges als ein hedonistischer und leicht überheblicher Pariser Dandy ausgelegt werden. Dieser Eindruck will jedoch nicht so recht zu der Art und Weise passen, wie Marc ihn beschreibt: Marc bezeichnet ihn als den intelligentesten und sensibelsten seiner Pariser Freunde (vgl. de Richaud, *L'amour fraternel* 252). Die Figur des Geogres Delombre in *L'amour fraternel* ist ambivalent. Ist seine Beschreibung als intelligentester und sensibelster Freund Marcs eine gewollte Ironie, eine Spitze der Erzählerstimme gegen Pariser, von denen auch der intelligenteste und sensibelste ausgesprochen unsensibel ist und nichts als Feiern und Trinken im Sinn hat, oder ist die Figur des Georges Delombre, dem Anschein zum Trotz, als intelligente und sensible Figur zu verstehen? Die zweite dieser beiden Möglichkeiten scheint mit der Charakterisierung von Georges in *La douleur* kompatibel, die erste weniger. Die Diskrepanz der beiden Figuren könnte aber auch durch ihr unterschiedliches Alter begründet sein. Ob es sich bei den beiden Georges Delombre um ein und dieselbe Figur handelt, bleibt bei der Lektüre offen. Falls ja, gibt es für das Wiederauftauchen dieses Charakters verschiedene Interpretationen. Wird hier enthüllt, dass der introvertierte Georget als Erwachsener zu einem Pariser Lebemann wird? Deutet Richaud vielleicht sogar an, dass sich Georget nach seinem schwierigen Verhältnis zu seiner Mutter und deren traumatisierenden Tod in den Alkohol und die nie endenden Pariser Feste flüchten wird? Oder hat Georget, im Gegenteil, den Tod seiner Mutter letzten Endes gut verwunden und ist zu einem gesunden Erwachsenen herangewachsen?

Georges Delombre ist nicht der einzige Fall, in dem eine gleichnamige Figur wieder in einem anderen Roman aufgegriffen wird. Sowohl in Richauds erstem Roman *La douleur*, als auch in seinem letzten *L'étrange visiteur* erscheint eine sehr neugierige und zur Verdrehung der Wahrheit neigende Figur namens Madame Gardet. Auch hier stellt sich die Frage, ob es sich um die gleiche Figur handelt. Die Handlung der beiden Romane spielt jedoch an verschiedenen Orten: *La douleur* in Althen-des-Paluds im Département Vaucluse und *L'étrange visiteur* im Département Aveyron – ein Argument, das gegen diese Interpretation spricht. Möglicherweise ist Madame Gardet in Richauds Romanen eine Art wiederkehrender sozialer Typ, ein Prototyp der bösartigen opportunistischen petite bourgeoise mit sozialen Ambitionen – eine Art weibliches Pendant von Flauberts Monsieur Homais. Das würde nahelegen, dass sich auch Richaud in gewissem Maße als Maler der Gesellschaft und ihrer Sitten sieht. André de Richaud gibt seinen LeserInnen Rätsel auf, indem er mit wiederkehrenden Charakteren Verbindungen zwischen seinen Romanen herstellt. Die wiederkehrenden Figuren können als Ermutigung gelesen werden, Richauds Werk als Romancier in Balzac'scher Manier in seinem Gesamtzusammenhang zu betrachten. Des Weiteren werfen diese wiederkehrenden Figuren Fragen über deren sozialen Kontext auf, zum Beispiel inwiefern sie oder ihr Schicksal repräsentativ für Personen ihres Milieus sind (Madame Gardet) oder inwiefern Menschen sozial mobil sind und ihr soziales Milieu wechseln können (Georges Delombre).

Wie hier gezeigt wurde, stellt sich André de Richaud, indem er mit *Le mauvais* und *La rose de noël* die Form des Romanzyklus der Familiensaga wählt, in die Tradition der von Zola und Balzac. Es gibt in Richauds Romanen viele stilistische Parallelen zu den großen Romanzyklen des 19. Jahrhunderts. Die sozialen Unterschiede zwischen seinen Figuren werden durch die Verwendung verschiedener Redeweisen hervorgehoben und spielen auch in der Handlung seiner Romane eine wichtige Rolle. Darüber hinaus gibt es bei Richaud Figuren, die in verschiedenen seiner Romane auftauchen. Dies kann als Anspielung auf Balzacs *Comédie humaine* und als Aufforderung gedeutet werden, sein Werk als Romancier als ein zusammenhängendes Ganzes, eine Art großen Zyklus, zu betrachten.

2.2 Details des Alltagslebens

Ein weiterer Aspekt, in dem Richauds Romane mit der Gattung des Gesellschaftroman in Verbindung gebracht werden können, ist die Darstellung des alltäglichen sozialen Lebens und der Detailreichtum, mit dem es beschrieben wird. Richauds ausführliche Beschreibung von Zimmern, geographischen Gegebenheiten und alltäglichen Handlungen steht in der Tradition des literarischen Realismus und Naturalismus. Die Beschaffenheit der Häuser und Räume in denen die Handlung spielt, wird in Richauds Romanen häufig präzise und detailliert beschrieben, wie in der folgenden Stelle von *Le mauvais* deutlich wird:

> Le rez-de-chaussée était occupé par le moulin proprement dit et par des remises. Michel pendit sa musette à la pomme de fer qui commençait la rampe de l'escalier conduisant à la cuisine. Celle-ci se trouvait au premier étage (de Richaud, *Le mauvais: Les Brunoy* 54).

Richaud begnügt sich nicht damit, die Räume genau zu beschreiben, sondern er ordnet sie auch ein, setzt sie in Verhältnis zu umliegenden Objekten und lässt sie so Teil der Topographie eines imaginären Ortes werden: "Le moulin de la Faille était à peu près à un quart de lieue du jardin. Il fallait longer la rivière pendant quelques centaines de mètres avant de le voir [...] (de Richaud, *Le mauvais: Les Brunoy* 23)." Ein sehr ähnliches Verfahren lässt sich in einigen Romanen Flauberts beobachten, beispielsweise in der Beschreibung des Hauses von Charles und Emma Bovary in Tostes:

> La façade de briques était juste à l'alignement de la rue, ou de la route plutôt. Derrière la porte se trouvaient

28

accroché un manteau à petit collet, une bride, une casquette en cuir noir, et, dans un coin, à terre, une paire de houseaux encore couverts de boue sèche. A droite était la salle, c'est-à-dire l'appartement où l'on mangeait et où l'on se tenait (Flaubert 91).

Auch die Fülle von häuslichen Objekten und der charakteristische Detailreichtum in Richauds Romanen weist Ähnlichkeit mit Flauberts Stil auf:

Une odeur de tomates frites règne autour de la table. L'ampoule électrique, couverte de traces de mouche, éclaire pauvrement la pièce immense [...]. Elle pend au milieu d'une pièce pareille à un petit astre malade, comme une étoile captive. Le balancier de la grande horloge est immobile dans sa prison de bois noir. Le chauffe-lit de cuivre rouge dort au milieu du mur gris, planète morte dans un ciel éteint. [...]

Dans un coin, quatre fusils se dressent et leurs canons ont l'éclat mat des tuyaux d'orgue. Sur la cheminée, parmi une multitude d'objets poussiéreux trône une grosse lampe d'étain, pour dire qu'on ne croit pas encore à l'électricité, et l'orifice de son verre est bouché par un pompon de laine rouge afin que la poussière ne s'y introduise pas (de Richaud, *L'amour fraternel* 21-22).

Bernard Ajac schreibt über die ausufernden Beschreibungen bei Flaubert:

Le regard se fixe toujours chez Flaubert des pôles entre lesquels le regard cesse d'être nomade pour devenir géomètre; on touche ici à une première donnée essentielle de l'écriture descriptive dans *Madame Bovary*: l'urgence d'organiser l'espace toute la série de voisinages. Cette urgence donne naissance à une technique où il est permis de reconnaître une véritable combinatoire: chaque objet, chaque lieu n'est pas décrit pour lui-même en tant qu'il occupe une place

> privilégiée dans l'espace, mais fait constamment signe
> vers tous les autres objets ou tous les autres lieux par le
> jeu d'un écart et d'une mise à distance (Ajac 24-25).

Das trifft auch auf Richauds Romane zu, wenn auch in einer weniger extremen Ausprägung. Dass Richauds Orts- und Objektbeschreibung ähnlich konstruiert sind wie die Flauberts lässt sich beispielsweise anhand der Vielzahl an adverbialen Bestimmungen, die in den oben zitierten Textausschnitten beider Autoren vorkommen feststellen (bei Flaubert: "à l'alignement de la rue", "derrière la porte", "dans un coin", "à la droite"; bei Richaud: "autour de la table", "au milieu d'une pièce", "dans sa prison de bois", "au milieu du mur gris", "dans un coin", "sur la cheminée"). Wie bereits am Beispiel von *Le mauvais* gezeigt wurde, ordnet Richaud seine Figuren in ihren sozialen Kontext ein: Durch den Vergleich und Kontrast mit anderen Figuren, portraitiert er sie als Teil und Produkt eines sozialen Umfelds. Das gleiche gilt für die Beschreibung von Häusern, geographischen Gegebenheiten und Objekten. Sie werden nicht isoliert, sondern als Teil eines Ganzen betrachtet. Das beschriebene Partikuläre deutet, in dem es stets in Beziehung zu anderem gestellt wird, auf ein Allgemeines hin, nämlich auf die Darstellung einer Gesellschaft.

Richauds Romane sind reich an detaillierten Beschreibungen. Dies ist auch für andere berühmte Gesellschaftsromane, wie beispielsweise *Madame Bovary*, charakteristisch. Durch die Fülle an Details von räumlichen Gegebenheiten und Objekten wird jedes einzelne Element räumlich ins Verhältnis zu anderen Elementen gesetzt – das betont die wichtige Rolle des (räumlichen und auch gesellschaftlichen) Kontexts für jedes einzelne Detail.

2.3 Gesellschaftskritik und Satire

André de Richaud beschränkt sich nicht darauf, die Gesellschaft und ihre Sitten detailreich abzubilden, sondern kritisiert auch bestimmte Aspekte dieser Gesellschaft. Richauds Gesellschaftskritik wird häufig durch Satire vermittelt. Der Begriff Satire bezeichnet sowohl eine Gattung als auch ein literarisches Verfahren (vgl. Brummack, "Satire" 1724-1725). Heute wird der Satirebegriff zumeist als gattungsübergreifendes literarisches Verfahren gebraucht, so auch hier. Jürgen Brummack nennt drei wesentliche Merkmale der Satire: Die Satire ist immer ein Angriff auf etwas (vgl. Brummack, "Zu Begriff und Theorie der Satire" 333). Des Weiteren gehört zur Satire "ein Gegensatz von Sein und Sollen (Negativem und Positivem; Wirklichkeit und Ideal), der irgendwie ausgedrückt sein muß" (Brummack, "Zu Begriff und Theorie der Satire" 333). Dieses "Sollen", das in der Satire immer implizit oder explizit dem angegriffenen Verkehrten entgegengestellt wird, werde ich als Ideal bezeichnen. Der dritte Aspekt der Satire, den Brummack herausarbeitet, ist die Indirektheit (vgl. Brummack, "Zu Begriff und Theorie der Satire" 333): Um etwas anzugreifen, bedient sich die Satire häufig literarischer Mittel der Indirektheit, wie beispielsweise der Ironie, der Allegorie oder der Übertreibung. Auch das Ideal wird häufig indirekt kommuniziert (vgl. Brummack, "Zu Begriff und Theorie der Satire" 334). Wird das Ideal in der Satire nur implizit, durch die "ästhetische Ordnung der Darstellung des Kritisierten" (Brummack, "Satire" 1727), verkörpert, so bedarf es des Lesers, um es geltend zu machen. Ein weiteres Charakteristikum der Satire ist, dass sie mit existierenden Texten, Gattungsmustern und Stilen spielt. Sie

31

bedient sich daher häufig des Zitats, der Montage und der Anspielung (vgl. Brummack, "Satire" 1726). Die Satire attackiert Einzelnes zumeist als Symptom für Allgemeines. Ich werde hier einen satirisch angeprangerten Kritikpunkt, der in Richauds Werk eine besonders wichtige Rolle spielt, im Detail betrachten: die Doppelmoral. Es wird anhand von Lektüren von konkreten Textstellen aus *La barette rouge* und *La douleur* untersucht werden, inwiefern Richauds Gesellschaftskritik satirisch ist, was in Richauds Romanen mittels Satire angegriffen wird und mit welchen stilistischen Verfahren dies geschieht.

La barette rouge wurde 1938 veröffentlicht und ist André de Richauds vierter Roman. Er erzählt die Geschichte von zwei Außenseitern, Siffrein und Esther. Esther ist eine junge Frau aus wohlhabender Familie, die seit dem Tod ihrer Eltern einsam und zurückgezogen in einer alten Festung in einem Dorf der Provence wohnt. Siffrein ist ein junger Mann aus armem Elternhaus, der seit seiner Kindheit, in der er Opfer von Misshandlung durch seine Eltern war, unter Wahnvorstellungen leidet. Eines Tages flieht er, von Halluzinationen getrieben, von seinem Arbeitsplatz und ermordet auf seiner Flucht eine alte Frau. Daraufhin wird er von der Polizei gesucht und findet durch Zufall bei Esther Unterschlupf. Die Situation entwickelt sich zu einem *huis clos*, in dem Siffrein Esther schließlich brutal ermordet und sich selbst umbringt. Einer der Aspekte, der in diesem Roman als Satire gelesen werden kann ist die religiöse Doppelmoral – sie wird anhand der Beschreibung dreier Nebencharaktere, der Schwestern Aminta und Dominica Remaud und des katholischen Dorfpfarrers, entlarvt und verspottet. Aminta und

32

Dominica Remaud sind zwei wohlhabende ältere Frauen, die in dem gleichen Dorf wie Esther leben. Die drei Figuren werden in der folgenden Passage – einem Tagebucheintrag der Protagonistin Esther – beschrieben:

> Riches, elles donnent tout à l'église et non aux pauvres, occupant leurs loisirs à broder des nappes d'autel et des vêtements sacerdotaux. Leur vieux cœur n'est illuminé que de voir, les jours de fête, le curé revêtir un rochet qu'elles lui ont brodé, et non celui qu'a brodé la femme du notaire; se servir du ciboire qu'il leur a extorqué – un de leurs parents était évêque, elles avaient beaucoup d'objets de culte précieux chez elles et il se l'est fait donner sous prétexte que c'était un sacrilège de garder des objets sacrés dans une maison particulière. Elles ont obéi épouvantées […] (de Richaud, *La barette rouge* 143).

Die Schwestern werden als ausgesprochen fromm beschrieben. Die homodiegetische Erzählerin entlarvt jedoch sogleich die Motivationen ihrer Spenden an die Kirche: Es ist nicht Nächstenliebe, die die Schwestern zu ihren Geschenken motiviert, sondern Eitelkeit, Konkurrenzdenken und die Angst, ein Sakrileg zu begehen. Zudem wird beschrieben, dass sich die Freigiebigkeit der Schwestern auf die Kirche beschränkt und dass sie Armen gegenüber geizig sind. Die Erzählerstimme verwendet ein Vokabular aus dem semantischen Feld der Religion, jedoch in einem profanen Sinn. Das kann als literarisches Mittel interpretiert werden, das dazu dient die Scheinheiligkeit der bigotten Schwestern zu verspotten: Das Verb "illuminer" wird häufig im Zusammenhang mit dem Subjekt "dieu" oder "la lumière divine" verwendet (vgl. "Illuminer"). Das ist allerdings hier nicht der Fall: Es ist nicht eine religiöse Erkenntnis, die die

Herzen der Schwestern erhellt, sondern allein die weltliche Genugtuung, über die Frau des Notars triumphiert zu haben. Auch der Priester wird als scheinheilig dargestellt. Er nutzt die Gutgläubigkeit der wohlhabenden Mitglieder seiner Gemeinde aus, um ihnen materielle Besitztümer abzunötigen und verbirgt diese Absicht hinter falschen Vorwänden. Das Verb "extorquer" ist eindeutig negativ konnotiert und gehört zum semantischen Feld des Stehlens. Das Verhalten der Schwestern und des Priesters steht im Widerspruch zu den Werten der katholischen Kirche, der sie angehören: Das Begehren und unrechtmäßige Aneignen fremder Güter, das der Priester an den Tag legt, widerspricht dem zehnten Gebot im Katholizismus (vgl. "Ten commandments"), dem Verbot des Begehrens von Haus und Gütern anderer. Sowohl die Schwestern als auch der Pfarrer sind geizig, bzw. habgierig. Damit machen sie sich beide des Geizes bzw. der Habgier (Avaritia) schuldig, einer Sünde, die in der katholischen Kirche als besonders schwerwiegende gilt, und daher zu den sieben Todsünden gehört (vgl. "Deadly sin").

Aminta und Dominica werden nicht nur als habgierig, sondern auch als hartherzig dargestellt. Als Esther ihre Hilfe sucht, weisen sie sie brüsk zurück. Auch die Beschreibung ihrer äußerlichen Erscheinung durch die Erzählerin trägt zu ihrer negativen Darstellung bei. Richaud verwendet das literarische Mittel des Grotesken, um ihre religiöse Doppelmoral in ihrer Widersprüchlichkeit zu brandmarken: "Grandes, toutes deux, vetues de longs vêtements noirs, on les devine d'une saletée repoussante" (de Richaud, *La barette rouge* 143). Die beiden Frauen glauben ihrer Besucherin Esther moralisch überlegen zu sein. Dies äußert sich beispielsweise in dem folgenden Satz: "L'impudeur de mon langage l'offusquait autant que l'impudeur de mon costume. Elle me parla de mon orgueil, comme le ferait un homme d'église. Un inquisiteur." (de Richaud, *La barette rouge* 148). Das Groteske als literarisches Stilmittel bewirkt, dass das Beschriebene sonderlich, übertrieben oder lächerlich wirkt, indem in der Beschreibung Gegensätze in eine Einheit gebracht werden (vgl. "Groteske" 186; vgl. "Grotesque, theories of the" 85). Die Schmutzigkeit der Schwestern steht im Gegensatz zu der moralisch überlegenen Position, in der sich die beiden zu befinden glauben. Zudem bedeutet das Wort schmutzig ("sale") im übertragenen Sinne moralisch korrumpiert (vgl. "Sale") – genau dies werfen die beiden ihrer Besucherin Esther vor, obwohl es in Wirklichkeit sie selbst sind, die "schmutzig" sind, und zwar im ganz konkreten Sinne.

Auch die folgende Passage ist voller Gegensätze und lässt Aminta, die ältere der Schwestern, grotesk erscheinen:

> Aminta entra, rigide dans sa robe noire, un maigre chignon posé sur sa tête comme une soucoupe. Elle me dit d'une voix calme qu'elle n'avait pu descendre plus tôt car elle était en méditation. Elle disait cela gravement, comme un grand poète ou un grand savant n'oserait pas le dire. Ce masque de bête repue et tranquille me fit brusquement horreur. Cette femme, la solitude en avait fait cette atroce idole de graisse (de Richaud, *La barette rouge* 147).

Der würdevolle Ton, mit dem Aminta verkündet, sie habe meditiert, steht in Kontrast zu ihrer komischen Erscheinung: Sie sieht so aus als hätte sie eine Untertasse auf dem Kopf. Die Juxtaposition von sehr abstrakten oder geistigen Elementen (die Meditation) mit sehr banalen, profanen Elementen (die

Untertasse, das Fett, das Tier) erlaubt es wiederum Aminta als lächerliche Figur auszulegen – auch wegen des großen Abstands, der zwischen ihrer Selbstwahrnehmung und Fremdwahrnehmung herrscht. Das Wort "idole" steht im christlichen Kontext für einen Abgott, d.h. eine falsche Gottheit, die nicht verehrt werden darf (vgl. "Idole"). Dass die religiöse Aminta, die sich selbst für beispielhaft fromm hält, nun selbst als "heidnisches" Gottesabbild beschrieben wird, versinnbildlicht den Abstand zwischen den von Aminta proklamierten religiösen Idealen und ihrem eigenen Handeln.

In den hier analysierten Textpassagen aus *La barette rouge* werden (nach meiner Lektüre) verschiedene Verfehlungen der drei Charaktere angeprangert und einem impliziten Ideal gegenübergestellt: Spenden an die Kirche (im Gegensatz zu Spenden an die Armen), Freigiebigkeit aus Angst, Eitelkeit und Konkurrenzdenken (im Gegensatz zu Freigiebigkeit ohne eigennützige Motivation), Geiz und Habgier (im Gegensatz zu Großzügigkeit), Heuchelei (im Gegensatz zu Ehrlichkeit), Härte gegenüber anderen (im Gegensatz zu). Die verschiedenen kritisierten Aspekte lassen sich in einer Kritik an der religiösen Doppelmoral zusammenfassen, in anderen Worten, in einer Kritik am Verhalten religiöser Menschen, die ihren proklamierten Prinzipien selbst nicht gerecht werden. Aminta und Dominica können als Repräsentantinnen des bigotten katholischen Bürgertums der französischen Provinz verstanden werden und der Priester als ein Repräsentant der katholischen Kirche. Das von der Satire aufgezeigte "Verkehrte" wird bei Richaud durch verschiedene ästhetische Mittel als solches ausgewiesen: die mehr oder minder direkte Kritik an den Figuren durch die negative Wortwahl der Erzählerstimme; das Zitieren von religiöser Sprache in profanen Kontexten; der indirekte intertextuelle Bezug auf den katholischen Katechismus, dessen Regeln die Figuren nicht folgen; die groteske Darstellung der Figuren. Das übergeordnete Ideal, das den Gegenpol zu der angeprangerten religiösen Doppelmoral darstellt, bleibt in Richauds Romanen ambivalent. Es könnte sich sowohl um eine vollkommen atheistische Gesellschaft als auch um eine in sich konsequente, großzügige und (selbst-)kritische Praxis der Religion handeln.

Auch in *La douleur* spielt die satirische Kritik der Doppelmoral eine bedeutende Rolle, auch wenn es sich hier nicht nur um Doppelmoral im religiösen, sondern auch im allgemeineren Sinne handelt. Ein besonders aussagekräftiges Beispiel ist der Schluss von *La douleur*, in dem ein (fiktiver) Artikel aus der Lokalzeitung *L'écho du Ventoux* zitiert wird:

Pendant la soirée du 4 février, un terrible accident est venu troubler notre paisible commune. Mme Thérèse Delombre, la veuve du capitaine Delombre, mort au champ d'honneur, le 24 juin 1915, croix de guerre, médaille militaire, Légion d'honneur (à titre posthume) qui descendait de son grenier une lampe à la main a fait un faux pas et est tombée dans l'escalier. […]. Mme Delombre n'a pu être sauvée, son fils, le jeune Georges Delombre, a reçu quelques brûlures sans importance, mais son état mental est assez précaire, causé par la frayeur qu'il a éprouvée en cette terrible circonstance. On juge aisément de la douleur de notre population quand nous dirons que Mme Delambre était connue avantageusement de tous et que nous aurons rappelé que le capitaine est mort en héros (de Richaud, *La douleur* 169).

Die Trauerbekundung für Thérèse Delombre in dieser Passage kann als Heuchelei interpretiert werden, denn Thérèse war nicht, wie der Artikel behauptet "connue advantageusement de tous", sondern wurde, im Gegenteil, von allen Bewohnern der Region mit Verachtung gestraft. Thérèses Tod ist ambivalent. Ihr Sturz auf der Treppe kann entweder als absichtliches oder als versehentliches Stolpern ausgelegt werden, das passiert, weil sie sich in einem Torpor aus Verzweiflung über die allgemeine Verachtung befindet, während sie die Treppe hinuntergeht. In beiden Fällen jedoch tragen die anderen Personen aus dem Dorf, die in diesem (mutmaßlich von einem von ihnen verfassten) Artikel in der Pose der Trauer dargestellt werden, eine gewisse Verantwortung für ihren Tod. Durch das Einbringen der Stimme eines heuchlerischen Lokaljournalisten entsteht Ironie, denn es wird deutlich, dass die Leute das Gegenteil von dem, was hier behauptet wird, über Thérèses Tod denken. Richaud äußert hier, laut dieser Interpretation, durch verschiedene Mittel der Indirektheit (Ironie, das Imitieren eines Artikels einer Lokalzeitschrift), eine beißende Kritik an der Doppelmoral von Bürgern der französischen Provinz, die anderen durch ihre Feindseligkeit Schaden zufügen, sich anschließend die Hände in Unschuld waschen und dann auch noch Mitleid simulieren.

Die Romane von André de Richaud haben eine gesellschaftskritische Dimension. Sie greifen bestimmte soziale Zustände und Verhaltensweisen mittels Satire an und können somit in die literarische Tradition des satirischen Gesellschaftsromans eingeordnet werden. Wie anhand von Beispielen aus *La barette rouge* und *La douleur* dargelegt wurde, gehört die (religiöse) Doppelmoral zu den wichtigen

Aspekten, die durch Satire getadelt werden. Die satirische Gesellschaftskritik geschieht durch verschiedene literarische Verfahren, unter anderem durch Groteske, Verwendung von religiösem Vokabular in nicht religionsbezogenen Kontexten, indirekte intertextuelle Anspielungen, Ironie und dem Einbringen verschiedener Textformen (zum Beispiel Zeitungsartikel). Durch den satirischen Angriff auf Heuchelei und Inkonsequenz wird diesen Verhaltensweisen ein implizites Ideal entgegengestellt: Aufrichtigkeit und Konsequenz.

2.4 Außenseiterfiguren und gesellschaftliche Normen

Ein weiterer Aspekt von Richauds Romanen, der im Sinne einer kritischen Auseinandersetzung mit der Gesellschaft gelesen werden kann, ist die Wahl seiner Figuren. Alle Protagonisten seiner Romane und auch ein großer Teil der Nebencharaktere sind Außenseiter, die aus verschiedenen Gründen vom Rest der Gesellschaft isoliert sind. Der Außenseiterstatus seiner Figuren erlaubt eine kritische Betrachtung der Normen, auf deren Grundlage einige Mitglieder aus der Gesellschaft ausgeschlossen werden.

Das kann beispielsweise anhand der Figur Esther aus *La barette rouge* demonstriert werden. Hierzu genügt es, sich zu fragen, aus welchen Gründen diese Figur ausgegrenzt wird. Eine mögliche Antwort auf diese Frage ist aus den bereits zitierten Textstellen des Romans über Aminta und Dominica Remaud erkennbar. Die Schwestern schließen Esther aus, weil sie sich nicht zum katholischen Glauben bekennt. Die dem zugrundeliegende Norm, von der sie abweicht, ist also in diesem Fall die Angehörigkeit zum Katholizismus. Diese Norm kann, wie bereits im vorigen Teil gezeigt, bei der Lektüre zweifelhaft erscheinen, weil ihre Vertreter, Aminta, Dominica und der Pfarrer als inkonsequent und lächerlich präsentiert werden. Dem lässt sich jedoch hinzufügen, dass auch die Schwestern in gewissem Maße Außenseiterinnen im Dorf sind. Esther sucht ihre Gesellschaft, weil sie meint, dass sie ihr, von allen anderen Dorfbewohnern am ähnlichsten seien ("Je me disais que ces deux femmes, à cent kilomètres à la ronde, étaient celles à qui je ressemblais le plus" (de Richaud, *La barette rouge* 144)). Das könnte damit zusammenhängen, dass auch sie unverheiratete Frauen sind, die allein bzw. ohne männliche Familienangehörige leben. Als zugrundeliegende Norm kann in diesem Fall das soziale Zusammenleben als Familie, bestehend aus Mann, Frau und Kindern, abgelesen werden. Frauen, die sich diesem sozialen Schema nicht fügen, werden als einsam und verwundbar dargestellt: Die Schwestern werden vom Pfarrer ausgebeutet und Esther wird letztlich ermordet. Ein Parallele lässt sich auch zu Thérèse Delombre ziehen. Auch sie ist Protagonistin in einem Roman von Richaud – und auch sie lebt allein mit ihrem jungen Sohn. Sie ist der Böswilligkeit und Intoleranz der anderen Dorfbewohner ausgeliefert und stirbt, wie Esther, einen frühzeitigen Tod. Richauds Romane thematisieren so indirekt die Marginalisierung alleinstehender Frauen in der ländlichen französischen Gesellschaft Anfang des 20. Jahrhunderts.

Ein weiteres Merkmal von Richauds Außenseiterfiguren ist ihre Sexualität, die nicht den gesellschaftlichen Normen entspricht. Siffrein aus *La barette rouge* ist zu Anfang des Romans nicht sexuell an anderen Menschen interessiert, da er in seiner Jugend Zeuge einer brutalen Vergewaltigung geworden war und somit eine sehr negative Vorstellung von der Sexualität entwickelte:

> [...] ce soir, l'amour lui avait sauté aux eux dans le comble de son horreur. Il n'attendait rien de beau de l'amour, certes, mais il en avait vu la forme la plus anormale, la plus sanglante et son cœur, déjà peu ouvert s'était refermé à jamais (de Richaud, *La barette rouge* 61).

Am Ende des Romans wird Siffrein, der als Kind Opfer von Misshandlung geworden war, selbst zum Täter, und sein Verhältnis zur Sexualität verfällt ins andere Extrem, das ebenfalls von der gesellschaftlich akzeptierten Norm abweicht: Er vergewaltigt Esther und ermordet sie brutal. Auch Thérèse Delombre weicht in ihrer Sexualität von der sozialen Norm ab. In ihrer sozialen Stellung als Kriegswitwe ist keinerlei Sexualität vorgesehen[2]. Sie hat aber trotzdem sexuelle Wünsche und leidet darunter, dass sie diese nicht ausleben darf (vgl. de Richaud, *La douleur* 32). Schließlich beginnt sie ein Verhältnis mit dem Kriegsgefangenen Otto Rülf. Dieser Regelbruch hat ihre Verstoßung aus der

---

[2] Stéphanie Petit spricht in ihrem Artikel *Le deuil des veuves de la grande guerre* von einem Diskurs der Rechtfertigung des Todes der während des Ersten Weltkriegs gefallenen Soldaten (vgl. Petit 63). Innerhalb dieses Diskurses, so Petit, spielten die Witwen der Gefallenen eine wichtige Rolle: "Les veuves de guerre n'étaient pas de simples veuves, elles pleuraient des Héros. Porteurs d'un message civique, leurs voiles devaient représenter et 'rappeler' aux jeunes le sacrifice de tant d'hommes. Par conséquent, les veuves de la Grande Guerre durent porter dignement leur deuil, et conserver au brave Poilu 'une fidélité intacte' l'image d'une veuve éternellement en deuil s'imposant" (Petit 64).

Dorfgemeinschaft und schließlich auch ihren Tod zur Folge. Interessanterweise ist Sexualität als Faktor des sozialen Ausschlusses in vielen von Richauds Romanen präsent. Sexualität wird in Richauds Romanen also als ein Bereich dargestellt, in dem sich gesellschaftliche Machtverhältnisse manifestieren.

Eine weitere Außenseiterfigur aus Richauds Romanen, die in Bezug auf die Betrachtung sozialer Normen interessant ist, ist die Figur Nanet aus *L'amour fraternel*. Nanet ist der kleinwüchsige älteste Sohn der Bauernfamilie Chanu, die das Land des Protagonisten Henri bestellt. Seine Geschichte wird im ersten Kapitel des Romans in einer Analepse erzählt. Seine Familie hatte sich von ihm distanziert, seit sie begriffen hatte, dass er nicht mehr wachsen würde. Er führt von da an ein zurückgezogenes Leben als Außenseiter:

> Le Nanet [...] paraissait vivre hors du monde, il murmurait toujours des paroles incompréhensibles à des êtres mystérieux, leur faisait des signes étranges et c'était à cela qu'il devait d'être respecté par le père. Il ne sortait jamais de la maison, n'accompagnait jamais ses frères aux fêtes votives ou marchés et cela ne lui paraissait pas douloureux ni même extraordinaire. Un sourire ironique errait constamment sur ses lèvres quand les jeunes gens de son âge parlaient de leurs plaisirs de garçons. Pour les autres, il n'existait pas... (de Richaud, *L'amour fraternel* 25-26).

Der Vater hasst Nanet auf Grund seiner Kleinwüchsigkeit (vgl. de Richaud, *L'amour fraternel* 30-31). Dieser Hass kommt eines Tages zum Ausbruch, als ein Mann vom Zirkus kommt und versucht, die Familie zu überzeugen, ihren Sohn gegen Bezahlung an den Zirkus zu verkaufen. Der Vater, außer sich vor Wut, jagt den Mann davon. Jedoch richtet sich seine Wut nicht nur gegen den respektlosen Zirkusdirektor, sondern gegen Nanet selbst, weil dieser aus Sicht des Vaters, beinahe die Familie entehrt hätte ("Un Chanu se montrer dans les foires… Comme un singe… Comme un acrobate!... Cela le depassait" (de Richaud, *L'amour fraternel* 29)). Ab diesem Zeitpunkt traut sich Nanet, den dieser Vorfall zutiefst getroffen hat, nicht mehr seinem Vater unter die Augen zu treten. Er versteckt sich, wann immer der Vater das Haus betritt, und stirbt sechs Monate später. Die Erzählerstimme weist daraufhin, dass es der zügellose Hass des Vaters ist, der Nanet in den Tod getrieben hat (vgl. de Richaud, *L'amour fraternel* 30). Nanets Schicksal wird auf emotionale Art und Weise geschildert: Sein ironisches Lächeln (vgl. de Richaud, *L'amour fraternel* 26), seine Tränen (vgl. de Richaud, *L'amour fraternel* 29) und seine Angst vor dem Vater (vgl. de Richaud, *L'amour fraternel* 30) weisen darauf hin, dass er unter der Ablehnung seiner Familie leidet. Die Erzählerstimme äußert Mitleid und Sympathie für diesen "malheureux garçon" (de Richaud, *L'amour fraternel* 30), dessen Bemühen, von seiner Familie akzeptiert zu werden, in starkem Kontrast zu deren Ablehnung steht (vgl. de Richaud, *L'amour fraternel* 25). Nanet wird zum Außenseiter, weil er in Bezug auf seine Körpergröße nicht der gesellschaftlichen Norm entspricht. Nanets Geschichte kann als Mittel zum Aufzeigen der Grausamkeit einer Gesellschaft, die von der Norm abweichenden Menschen jegliche Teilhabe verwehrt, interpretiert werden. *L'amour fraternel* übt, laut dieser Lektüre, indirekt Kritik an der Gesellschaft und an den Normen, die zur Folge haben, dass Menschen, die diese nicht erfüllen können (psychischer) Gewalt ausgesetzt sind.

Viele der Figuren in Richauds Romanen sind soziale Außenseiter. Die wichtige Rolle dieser Figuren und ihre emotionale Darstellung wirft die Frage der Normen auf, die sie zu Außenseitern machen. Nicht in jedem Fall findet eine explizite Gesellschaftskritik statt. Dennoch hat das Thematisieren der Schicksale von Außenseitern zur Folge, dass in Richauds Romanen die gesellschaftlichen Normen in Bezug auf Religion, Familienstand, Körper und Sexualität als fragwürdiges Instrument der sozialen Ausgrenzung gelesen werden können.

3. Richaud und der Existenzialismus

"Écrire c'est se révolter."
André de Richaud, *La nuit aveuglante* (19-20)

Richaud lebte ab dem Jahr 1930 in Paris und kehrte, nachdem er während des Kriegs im Süden Frankreichs gelebt hatte, dorthin zurück und blieb bis Anfang der 60er Jahre. Er frequentierte in dieser Zeit verschiedene beliebte Treffpunkte von Schriftstellern, Philosophen und Künstlern in Saint-Germain-des-Près, wie zum Beispiel das Café *Les deux magots*, das Café *Flore* und die Brasserie *Lipp* sowie verschiedene Pariser Theater (vgl. Malves 51). Dort verkehrte er vor allem mit Anhängern und Randfiguren des Surrealismus, unter anderem Charles Vildrac, Jaques Baron, Raymond Queneau, Jacques Prévert, Robert Desnos, Sylvia Bataille, Michel Leiris, Georges Ribemont-Dessaignes und René Crevel (vgl. Malves 51). Es ist anzunehmen, dass er in dieser Zeit auch mit dem Existenzialismus in Kontakt kam: Er lebte während der Blütezeit des französischen Existenzialismus in Paris und ging an den gleichen Orten ein und aus, wie die wichtigsten Begründer des Existenzialismus (Jean-Paul Sartre, Simone de Beauvoir, Maurice Merleau-Ponty, Albert Camus und andere) – ganz zu schweigen davon, dass es in den verschiedenen Kreisen Pariser Intellektueller und Künstler zahlreiche Überschneidungen gab. Richaud macht sich wie Boris Vian in *L'écume de jours* über Sartre lustig. Das ist ein Hinweis darauf, dass er das Werk seiner existenzialistischen Zeitgenossen zumindest zum Teil kannte. Er schreibt in der Kurzgeschichte "Les nuits blanches", die 1950 in *Caliban* erschien:

45

Un de mes amis, ne pouvant dormir, avait essayé tous les moyens connus. Un matin, sa mère me téléphone: "Venez vite, je ne peux réveiller Joseph!" J'accours, affolé.

– Pour dormir, il est arrivé à des doses extravagantes et je crains que ça ne lui ait été fatal!... Il lui en fallait plus de soir en soir. J'ai beau les lui cacher, il en trouve toujours, même en solde.

– En solde, dis-je. Des somnifères en solde?

– Naturellement. Pensez, il en est maintenant à trois *Partage de midi*, quatre *Trahison des Clercs* et quelques pages de Sartre, pour s'achever.

Je considérai, vraiment, que c'était l'intoxication pure et simple (vgl. de Richaud, *Échec à la concierge* 63).

Diese Anekdote sagt wenig über Richauds Beziehung zum Existenzialismus aus, zeigt aber, dass er sich am literarischen Diskurs seiner Zeit beteiligte und Sartre rezipiert hatte. Auch ist es sehr wahrscheinlich, dass er mit Camus' Werk vertraut war. Zum einen lässt sich das aus Richauds spätem Werk, vor allem *L'étrange visiteur* schließen, und zum anderen muss Richaud in den 1950er Jahren zumindest ein wenig Kontakt mit Camus gehabt haben, da Camus zu der Gruppe aus der Literatur- und Kunstszene gehörte, die Richaud finanziell unterstützte (vgl. de Richaud et al. 184).

Richaud wurde, auch wenn er Kontakt zum existenzialistischen Milieu hatte, bisher nicht mit dem Existenzialismus in Verbindung gebracht. Dennoch findet sich auch in Richauds Romanen ein gewisses existenzialistisches Gedankengut. Richauds frühe Romane (*La douleur*, *La fontaine des lunatiques*, *L'amour fraternel*, *La barette rouge*) gehen den philosophischen und literarischen Werken, die den

Begriff Existenzialismus geprägt haben wie *La nausée*, *L'être et le néant*, *Le mythe de Sisyphe* und *L'étranger* zeitlich voraus, deshalb wäre es anachronistisch von Existenzialismus zu sprechen. Dennoch sind einige Grundgedanken des Existenzialismus bereits in Richauds frühen Romanen präsent. Die Dinge, die seine Zeitgenossen nach dem Ersten und Zweiten Weltkrieg bewegten, das Nachdenken über den problematischen Charakter der menschlichen Existenz, das Gefühl der Abwesenheit eines übergeordneten Sinns, aber auch die daraus resultierende Freiheit, haben meiner Einschätzung nach auch Richaud in ähnlicher Weise beschäftigt. Im Folgenden stelle ich die These auf, dass Richaud als Vorläufer des Existenzialismus betrachtet werden kann. Was Richauds späteren Romane *La nuit aveuglante* und *L'étrange visiteur*, die nach den berühmtesten literarischen und philosophischen Werken des französischen Existenzialismus entstanden sind, betrifft, argumentiere ich, dass ein Einfluss des Existenzialismus und eine Bezugnahme auf diese philosophische Strömung festgestellt werden kann. Diese Thesen werde ich durch existenzialistische Lektüren von Richauds Romanen illustrieren.

Bevor ich mich mit Richauds Verbindung zum Existenzialismus auseinandersetze, muss zunächst einmal geklärt werden, was hier genau unter dem Begriff Existenzialismus verstanden werden soll. Das ist nicht einfach, da diese Kategorie für zahlreiche verschiedene Philosophien verwendet wird, die zum Teil sehr unterschiedlich sind. Zusammenfassend kann festgehalten werden: Der Existenzialismus ist eine philosophische Bewegung, die ab den 30er Jahren des 20. Jahrhunderts entstand (vgl. Reynolds

76) und bis zum Ende der 1950er Jahre insbesondere in Frankreich eine bedeutende Rolle spielte. Durch das Grauen und die existenzielle Bedrohung durch den Ersten und vor allem den Zweiten Weltkrieg entstand eine große Unsicherheit, und für viele Menschen wurden die optimistischen Weltanschauungen des vergangenen Jahrhunderts, wie der Glaube an die Vernunft, an den menschlichen Verstand, an den Fortschritt, an Gott etc. unhaltbar (vgl. "Existentialism"). Der Begriff Existenzialismus wurde von Jean-Paul Sartre geprägt, der ihn als Beschreibung seiner eigenen philosophischen Denkrichtung verwendete (vgl. Crowell 15). Ab den 1940er Jahren verbreitete sich die aus der existenzialistischen Philosophie entstandene kulturelle Bewegung im kontinentalen Europa (vgl. Crowell 15). Friedrich Nietzsche, Sören Kierkegaard, Karl Jaspers sowie der Phänomenologe Edmund Husserl gelten als wichtigste Vorläufer des Existenzialismus (vgl. Crowell 15). Auch einige Autoren, wie zum Beispiel Dostojewski, Kafka, Beckett und Ionesco wurden bisweilen (rückwirkend) als existenzialistische Autoren betrachtet. Einige Philosophen und Denker (unter anderem Heidegger und Camus) werden als Existenzialisten bezeichnet, obwohl sie von sich selbst sagten, dass sie keine Existentialisten seien (vgl. Reynolds 77). Auch wenn häufig behauptet wurde, dass der Existenzialismus keine kohärente philosophische Bewegung darstellt, vereint ein Bündel an bestimmten Themen und Fragestellungen die meisten der Philosophien, die als Existenzialismus bezeichnet werden (vgl. Crowell 16): Sie verstehen die menschliche Existenz auf der Welt als etwas Konkretes, Individuelles, betonen ihren

problematischen Charakter und fragen nach ihrer Bedeutung (vgl. "Existentialism"). Jack Reynolds definiert den Begriff Existenzialismus lose "in a family resemblance manner, following Wittgenstein's lead in *Philosophical Investigations*, which does not require a set of necessary and sufficient conditions for every philosopher labled existentialist" (Reynolds 76). Er liefert folgende (nicht exhaustive) Liste sich überlappender Themenkomplexe, die mit der existenzialistischen Philosophie in Verbindung gebracht werden (vgl. Reynolds 76):

(1)   Freedom;

(2)   Death, finitude and mortality;

(3)   An interest in personal experiences and "moods," such as anguish (or anxiety), nausea and boredom;

(4)   An emphasis upon authenticity and responsibility as well as the tacit denigration of their opposites (inauthenticity, bad faith, etc.);

(5)   A suggestion that human individuality tends to be obscured and denied by the common social mores of the crowd, and, in the work of many, a pessimism about human relations per se [...];

(6)   A rejection of any external determination of morality or value, including certain conceptions of God and the emphasis upon rationality and progress that were foregrounded during the Enlightenment (Reynolds 77).

Einige Varianten des Existenzialismus, wie zum Beispiel Sartres, sind radikal atheistisch, während andere, wie Gabriel Marcels Philosophie, eine theistische Form annehmen oder, wie Abbagnanos Existenzialismus, zum Humanismus tendieren (vgl. "Existentialism"). In Frankreich wurde der Existenzialismus ab den 1940er Jahren vor allem durch die Theaterstücke und literarischen und philosophischen Texte von Sartre, Camus und Beauvoir sehr populär (vgl. Crowell 15). Im Zusammenhang mit André de Richaud ist vor allem die Betrachtung des Existenzialismus seiner französischen Zeitgenossen interessant. Der Akzent soll hierbei auf der Philosophie von Albert Camus und Jean-Paul Sartre liegen. Zum einen, weil sie sicherlich zwei der emblematischsten und bekanntesten Figuren des Pariser Existenzialismus dieser Zeit sind, und zum anderen, weil bekannt ist, dass Camus in seinem Schaffen wesentlich durch Richaud beeinflusst wurde (vgl. Camus, "Rencontres avec André Gide" 1117).

3.1   Das Absurde

Die Absurdität der menschlichen Existenz ist die Grundlage von Camus' existenzialistischer Philosophie, die er im Jahre 1942 in seinem philosophischen Essay *Le mythe de Sisyphe* und in seinem Roman *L'étranger* darlegt. Das Gefühl der Absurdität wird durch das Bewusstsein, dass das menschliche Leben unweigerlich zum Tod führt und dass der Mensch nicht in der Lage ist, die Welt, in der er lebt, zu verstehen, hervorgerufen:

> Un monde qu'on peut expliquer même avec de mauvaises raisons est un monde familier. Mais au contraire, dans un univers soudain privé d'illusions et de lumières, l'homme se sent un étranger. Cet exil est sans recours puisqu'il est privé des souvenirs d'une patrie perdue ou de l'espoir d'une terre promise. Ce divorce entre l'homme et sa vie, l'acteur et son décor,

c'est proprement le sentiment de l'absurdité (Camus, "Le mythe de Sisyphe" 257).

Das Gefühl des Absurden spielt auch in Richauds frühen Romanen bereits eine wichtige Rolle. Henri, der Protagonist von *L'amour fraternel* lebt, bevor er von der herannahenden Ankunft seines Bruders erfährt, friedlich ohne Pläne zu machen oder sich Fragen zu stellen "comme un animal, libre et sans désirs" (de Richaud, *L'amour fraternel* 22). Diese ruhige, tierartige Existenz wird jedoch plötzlich unterbrochen, als er erfährt, dass sich sein Leben verändern wird, weil sein Bruder, den er kaum kennt und den er seit Jahren nicht gesehen hat, zu ihm aufs Land kommt. Eine Angst ("angoisse" (de Richaud, *L'amour fraternel* 50)) überfällt ihn. Henris beängstigendes Gefühl wird mit dem Bild eines Hauses verglichen, in dem durch einen Todesfall die Ordnung der Dinge durcheinandergebracht wird:

> Le monde est aisé à posséder quand on est seul. Il n'est que légèreté, confusion charmante, désordre pittoresque. Il est semblable à ces maisons de famille pleines de richesses accumulées depuis des siècles. On croit les ignorer mais la vie est toute illuminée de leur présence. Dès qu'une mort survient l'univers miraculeux se défait. Il se réduit à une liste d'objets assemblés d'étrange façon, qui perdent d'être vus isolément et estimés, à leur juste prix toute leur poésie (de Richaud, *L'amour fraternel* 52).

Das Zitat beschreibt, dass die Dinge durch den Tod in einem neuen Licht erscheinen. Aus ihrem gewohnten Kontext gerissen sind sie einzeln in ihrer ganzen Sinnlosigkeit erkennbar. Es handelt sich hier um ein ähnliches Gefühl, wie das, welches Camus später das Absurde beschreiben wird. Das Absurde äußert sich bei Camus unter anderem dadurch, dass die Welt, wenn die Gewohnheit durchbrochen wird, plötzlich fremd erscheint: "Le monde nous échappe puisqu'il redevient lui-même. Ces décors masqués par l'habitude redeviennent ce qu'ils sont. Ils s'éloignent de nous" (Camus, "Le mythe de Sisyphe" 262). Henri aus Richauds Roman *L'amour fraternel* fühlt sich plötzlich nicht mehr als Teil seiner Umgebung, in die er zuvor in seiner tierähnlichen, gewohnheitsmäßigen Existenz so harmonisch eingegliedert war. Auch bei Camus unterscheidet sich die menschliche Existenz von der tierischen (bei Richaud: tierartigen). Camus schreibt in "Le mythe de Sisyphe", dass Tiere und Pflanzen Teil dieser Welt sind, während der (absurde) Mensch sich durch sein Bewusstsein und das Bedürfnis, die Welt, in der er lebt, zu verstehen, von ihr abgeschnitten fühlt (vgl. Camus, "Le mythe de Sisyphe" 284).

Eine weitere Gemeinsamkeit zwischen Henris Gefühl und dem von Camus beschriebenen "sentiment de l'absurdité" (Camus, "Le mythe de Sisyphe" 259) ist, dass es in einer ähnlichen Situation entsteht, nämlich mitten im Alltag, "[…] où la chaîne des gestes quotidiens est rompue, où le coeur cherche en vain le maillon qui la renoue" (Camus, "Le mythe de Sisyphe" 261), so auch bei Henri, den dieses Gefühl überfällt, als seine tägliche Routine aussetzt, weil er sich mit der Ankunft seines Bruders auseinandersetzen muss.

Auch Henris Bruder Marc erlebt das Gefühl des Absurden, beispielsweise, wenn er sich selbst im Spiegel ansieht und sich nicht wiedererkennt ("Ces aubes pendant lesquelles il regardait se mouvoir, au fond de la glace, une forme qui n'était déjà plus lui et qui l'effrayait comme un ennemi" (de Richaud, *L'amour fraternel* 158)) oder wenn er an sich selbst denkt wie an einen Fremden: "Il pensait à celui qu'il avait été, comme à un étranger, à un héros de roman, et il était effrayé" (de Richaud, *L'amour fraternel* 157). Auch hier ist das von Richaud beschriebene Gefühl Camus "sentiment de l'absurde" sehr ähnlich. Marc fühlt sich von seinem Leben getrennt. Camus benutzt sogar das gleiche Bild wie Richaud, das des Spiegelbilds, um das Gefühl des Absurden zu beschreiben:

> L'étranger qui, à certaines secondes, vient à notre rencontre dans une glace, le frère familier et pourtant inquiétant que nous retrouvons dans nos propres photographies, c'est encore l'absurde (Camus, "Le mythe de Sisyphe" 262).

Das beunruhigende Seinsgefühl, das Richauds Protagonisten überfällt, ähnelt auch dem Gefühl des Ekels ("nausée"), das Sartres Protagonist Roquentin in *La nausée* fühlt. Auch hier spielt das Gefühl des Absurden eine bedeutende Rolle (vgl. Crowell 30). Roquentin wird beim Betrachten einer Wurzel beispielsweise von einem Gefühl, einer "angoisse" (Sartre, *La nausée* 175-182), überfallen. Dieser Gefühlzustand wird von Steven Crowell folgendermaßen erklärt:

> The experience of anxiety also yields the existential theme oft the absurd. [...] So long as I am practically engaged, in short, all things appear to have reasons for being an I, correlatively, experience my-self at home in the world. [...] In the mood of anxiety, however, it is this character that fades from the world. [...] anxiety undermines the taken-for-ganted sense of things. They become absurd (Crowell 30).

Sartres *angoisse* steht in engem Zusammenhang mit dem Gefühlszustand, den Camus das Absurde nennt. Diese *angoisse*, die dadurch entsteht, dass die Dinge, die den Menschen umgeben, ihm plötzlich absurd erscheinen, erfasst in sehr ähnlicher Form auch Richauds Charaktere in *L'amour fraternel*. Bei Camus und bei Sartre ist dieser Gefühlzustand, der den Menschen manchmal im Alltag überfällt, ein Kennzeichen der menschlichen Freiheit, welches dem Individuum dazu verhelfen kann, diese zu erkennen (vgl. Camus, "Le mythe de Sisyphe" 287; vgl. Sartre, *L'existentialisme est un humanisme* 32-33). Bei Richaud führt das Gefühl der Abgeschnittenheit von der Welt und die daraus entstehende Sinnlosigkeit (das Absurde) bei den Protagonisten zu einer frenetischen (und letztendlich vergeblichen) Sinnsuche. Die extradiegetische Erzählerstimme kommentiert dies:

> Tous deux [Henri et Marc] dépareillés, usés, cherchant dans le monde, *par des voies aussi absurdes les unes que les autres, une raison de vivre.* La santé d'Henri ne prouvait pas plus de force que sa faiblesse, et toutes les deux étaient des apparences. Tout cela n'était qu'illusion et aussi leurs haines stériles, illusions, leurs vaines disputes. *Ils crèveraient un jour sans laisser des traces*, comme toutes choses. Leurs seuls plaisirs auraient été de se dresser l'un contre l'autre (de Richaud, *L'amour fraternel* 148) [Hrvh. S.N.].

In dieser Textstelle wird deutlich, dass Richaud die menschliche Existenz in *L'amour fraternel* tatsächlich als etwas Sinnloses darstellt: Die Suche nach einer "raison de vivre" ist absurd, auf den Tod folgt kein Jenseits und die Existenz hat keine sinnhaften Folgen ("Ils crèveraient un jour sans laisser des traces, comme toutes choses"). Der raue, umgangssprachliche Ton dieser Passage, zum Beispiel "créver", unterscheidet sich vom Rest des Absatzes. Dies kann als Betonung der Bitterkeit dieser Erkenntnis interpretiert werden.

Die Annahme der Sinnlosigkeit und Absurdität der menschlichen Existenz setzt voraus, dass es keinen Glauben an Gott oder an ein Leben nach dem Tod gibt. Camus schließt die Existenz eines Gottes als solche nicht direkt aus, sondern erklärt, dass das Grundprinzip des Absurden darin besteht, keine Hoffnung zuzulassen und nur mit den Dingen zu leben, deren man sich sicher ist:

> On lui assure [à l'homme absurde] [...] que peut-être l'enfer est au bout, mais il n'a pas assez d'imagination pour se représenter cet étrange avenir; qu'il perd la vie immortelle, mais cela lui paraît futile. Ainsi ce qu'il exige de lui-même, c'est de vivre seulement avec ce qu'il sait, de s'arranger de ce qui est et ne rien faire intervenir qui ne soit certain [...]: il veut savoir s'il est possible de vivre sans appel (Camus, "Le mythe de Sisyphe" 285).

Folgt man diesem Grundprinzip, so ist laut Camus eine mögliche Existenz Gottes bedeutungslos, da der Mensch sich ihrer nicht sicher sein kann. Auch Sartres Existenzialismus ist atheistisch (vgl. Sartre, *L'existentialisme est un humanisme* 21).

Wie bei Sartre und Camus ist auch in Richauds Romanen Gott weitgehend abwesend. Es ist auffällig, dass fast alle von Richauds Protagonisten ein problematisches, entfremdetes Verhältnis zu ihrem Leben und ihrer Umwelt haben und dass fast keiner dieser Protagonisten gläubig ist.

Thérèse Delombre aus *La douleur* ist nicht religiös und geht, im Gegensatz zu den meisten anderen Frauen im Dorf, auch nicht zur Messe. Die Erzählerstimme präzisiert, dass Thérèse nicht an Gott glauben kann, da ihr dafür an Vorstellungskraft mangelt (vgl. de Richaud, *La douleur* 46). Der Mangel an Vorstellungskraft ist auch einer der Gründe, die Camus im oben zitierten Ausschnitt aus *Le mythe de Sisyphe* nennt, warum der *homme absurde* nicht glauben kann (vgl. Camus, "Le mythe de Sisyphe" 285). Esther Murail, die Protagonistin von *La barette rouge*, glaubt ebenfalls nicht an Gott:

> Nous sommes tous quatres [Aminta und Dominica Remaud, Esther und das Porträt eines jungen Cardinals, das in Esthers Haus an die Wand gemalt ist] […] aussi loin de la vie les uns des autres. L'un n'existe pas […]; les deux autres sont heureuses de pourrir dans la crainte de l'enfer et cela les aide à vivre. Mais moi… (de Richaud, *La barette rouge* 150).

Die Erzählerin Esther verwendet hier das Wort "pourrir", verrotten, als Metapher für das Leben von Aminta und Dominica. Normalerweise verrotten keine lebendigen, sondern nur tote Dinge. Die Verwendung des Wortes "verrotten", das mit dem Tod (dem Gegenteil von Leben) assoziiert wird, zeigt, dass die Erzählerin Esther ein Leben, das im Glauben an Gott und die Hölle gelebt wird, als ein falsches Leben betrachtet, oder zumindest eines, das ihrer Vorstellung davon, wie man leben soll, widerspricht. Gleichzeitig kann der unterbrochene Satz mit Auslassungspunkten am Ende dieser Passage, als Zeichen gelesen werden, dass die Tatsache, dass sie nicht an Gott glaubt, ihr Leben komplizierter macht und zu ihrer Verzweiflung beiträgt, denn im Gegensatz zu den

Schwestern Remaud hat sie keinen Glauben, der ihr das Leben erleichtert.

Nach Ansicht des Dichters André Laude ist die Zerrissenheit zwischen dem menschlichen Bedürfnis nach Sinn und der Vergänglichkeit und Sinnlosigkeit der menschlichen Existenz, die Richauds Protagonisten eigen ist, bezeichnend für Richauds ganzes Werk:

> Tous ces ouvrages clament la passion d'un homme proie à l'angoisse, à la solitude, à l'amour du monde, broyé par la condition humaine, avec sa faim de l'absolu accrochée aux entrailles, douloureux prisonnier d'une enveloppe de peau rongé par les feux des énigmes (Laude zitiert in Dussert).

Genau diese Zerissenheit ist es, die laut Camus den *homme révolté* beschreibt: "L'absurde naît de cette confrontation entre l'appel humain et le silence déraisonnable du monde" (Camus, "Le mythe de Sisyphe" 270). Es handelt sich jedoch laut Camus nicht darum, diesem Konflikt aus dem Weg zu gehen oder ihn (durch Selbstmord oder Sinnkonstruktionen) zu lösen, sondern sich damit zu konfrontieren und dagegen aufzubegehren:

> Vivre une expérience, un destin, c'est l'accepter pleinement. Or on ne vivra pas ce destin, le sachant absurde, si on ne fait pas tout pour maintenir devant soi cet absurde mis à jour par la conscience. Nier l'un des termes de l'opposition dont il vit, c'est lui échapper. Abolir la révolte consciente, c'est éluder le problème. […] Vivre, c'est faire vivre l'absurde, Le faire vivre, c'est avant tout le regarder (Camus, "Le mythe de Sisyphe" 285).

Die Erfahrung des Absurden zu leben bedeutet laut Camus vor allem, dem Absurden ins Gesicht zu sehen, sich mit ihm zu konfrontieren. Richaud als Autor tut dies, indem er in seinen Romanen über ebendiesen Konflikt des Menschen mit der Absurdität seiner Existenz schreibt.

Camus Beschreibung von seiner Lektüre von *La douleur* lässt erahnen, wie sehr dieser Roman ihn geprägt hatte:

> [*La douleur*] dénouait au fond de moi un nœud de liens obscurs, me délivrait d'entraves dont je sentais la gêne sans pouvoir les nommer. Je le lus dans une nuit [...] et au réveil, nanti d'une étrange et neuve liberté, j'avançais, hésitant, sur une terre inconnue. (Camus, "Rencontres avec André Gide" 1117).

Die Metaphern, die Camus hier verwendet, die gelösten Fesseln und das zögernde Voranschreiten in einer neuen Welt, vermitteln den Eindruck, dass *La douleur* eine einschneidende und befreiende Leseerfahrung für ihn gewesen war und dass seine Faszination für dieses Buch in der Tat ein erster Schritt auf seinem Weg als Autor war. Es ist möglich, dass Richauds frühe Romane, *La douleur* und vor allem *L'amour fraternel* und *La barette rouge*, in denen die Auseinandersetzung mit dem Absurden einen wichtigen Stellenwert einnimmt, eine Inspirationsquelle für Camus' existenzialistische Texte waren. In André de Richauds Romanen taucht wiederholt ein Gefühl auf, welches dem, das Camus später in *Le mythe de Sisyphe* unter dem Namen "sentiment de l'absurde" zum Grundstein seiner existentialistischen Philosophie macht, ausgesprochen ähnlich ist. Auch in Sartres Existenzialismus spielt das Gefühl, dass die Welt absurd erscheint, eine gewisse Rolle. Diese Parallelen können als Zeichen dafür ausgelegt werden, dass eine ideelle Nähe zwischen Richauds frühen Romanen und der sich wenig später entwickelnden philosophischen Strömung des Existenzialismus besteht.

3.2   Die Flucht vor der Freiheit

Es gibt einige bedeutende Unterschiede zwischen Camus und Sartres existenzialistischer Philosophie, vor allem in Bezug auf die Frage nach der Absurdität und nach einer menschlichen Essenz. Im Gegensatz zu Camus vertritt Sartre nicht die Ansicht, dass die menschliche Existenz in ihrer Gesamtheit sinnlos oder absurd ist (vgl. Roloff 401). Camus gelangt in *L'homme révolté* zu dem Schluss, dass es eine Art menschliche Natur gibt (vgl. Camus, "L'homme révolté" 856) – Sartres Philosophie widerspricht dem (vgl. Sartre, *L'existentialisme est un humanisme* 21). Die Unterschiede zwischen Sartres und Camus' Existenzialismus detailliert auszuführen, würde hier zu weit führen. Sie teilen jedoch beide die Überzeugung, dass der Mensch frei ist. Camus definiert diese Freiheit ("la liberté absurde" (Camus, "Le mythe de Sisyphe" 284)) folgendermaßen:

> La seule que je connaisse, c'est la liberté d'esprit et d'action. Or si l'absurde annihile toutes mes chances de liberté éternelle, il me rend et exalte au contraire ma liberté d'action. Cette privation d'espoir et d'avenir signifie un accroissement dans la disponibilité de l'homme. [...] L'absurde m'éclaire sur ce point: il n'y a pas de lendemain. Voici désormais la raison de ma liberté profonde (Camus, "Le mythe de Sisyphe" 287).

Laut Sartres existenzialistischer Philosophie geht die Existenz der Essenz voraus. Für ihn ergibt sich daraus die Freiheit des Menschen (vgl. Sartre, *L'existentialisme est un humanisme* 21, 36, 37). Volker Roloff erklärt diesen Zusammenhang wie folgt:

> Diese Freiheit ist nicht Teil des menschlichen Wesens, sondern geht ihm erst voran und ermöglicht es erst […]. Die Freiheit kann aber erst in ihrem Verhältnis zur "Zeitlichkeit" ("temporalité") vollständig begriffen werden. In dem "Ent-wurf" ("pro-jet") der Zukunft liegt zugleich die Nichtung ["néantisation"] des Gewesenen und situativ vorfindlichen. Die Freiheit des Menschen besteht gerade in der Fähigkeit, sich in jedem Moment neu zu entwerfen (Roloff 402).

Ein weiteres Merkmal, das die meisten existenzialistischen Philosophien eint, ist das Streben nach einer "authentischen" Existenz (vgl. Reynolds 77). Bei Sartre besteht die Authentizität ("authenticité") im

> 'Auf-sich-Nehmen' seiner ontologischen Verfasstheit 'im Entwurf' (und Aufschub) befindliches Dasein […]. Wenn somit das Dasein Freiheit zum Entwurf ist, besteht sein erster Wert im Auf-sich-nehmen der Freiheit […], wodurch sich zugleich die eigene Verantwortung begründet (Roloff 401).

Das Gegenteil von *authenticité* nennt Sartre "mauvaise foi" (vgl. Sartre, *L'existentialisme est un humanisme* 81). Als *mauvaise foi* bezeichnet er die Selbsttäuschung des Menschen, die darin besteht, die eigene Freiheit zu verleugnen oder ihr zu entfliehen, indem er vorgibt, ein passives Produkt seiner Lebensumstände zu sein (vgl. Sartre *L'existentialisme est un humanisme* 81). Camus spricht in *Le mythe de Sisyphe* nicht von *authenticité*, aber auch er legt eine ideale Weise zu leben dar: die des *homme absurde*. Der *homme absurde* ist sich seiner absurden Freiheit bewusst. Die Voraussetzung dafür ist *lucidité* – er darf keine Hoffnung aufkommen lassen und muss sich ständig mit der Absurdität der Existenz auseinandersetzen (vgl. Camus, "Le mythe de Sisyphe" 285-286). Camus teilt Sartres Überzeugung, dass Menschen häufig versuchen, vor ihrer Freiheit (und dem Absurden) zu "fliehen", beispielsweise durch Sinnkonstruktionen oder Selbstmord. Camus nennt dieses Ausweichen der Absurdität (und folglich der absurden Freiheit) "saut" ("Sprung") (Camus, "Le mythe de Sisyphe" 286).

Viele Figuren in Richauds Romanen, beispielsweise Henri und Marc in *L'amour fraternel*, können als "existenzialistische Antihelden" ausgelegt werden. Ihr Verhalten entspricht häufig dem Verhalten, das Camus und Sartre später in ihren existenzialistischen Texten abwerten: Der Versuch, der eigenen Freiheit durch *mauvaise foi*, Selbsttäuschung und Sinnkonstruktionen zu entkommen. Indem Richaud, wie später Sartre und Camus, ein solches Verhalten als negativ darstellt, kommuniziert er auf indirekte Weise Werte, die ungefähr dem existenzialistischen Ideal (*authenticité* oder *lucidité*) entsprechen. Richauds Figuren Henri und Marc sind weder authentisch noch luzide, denn sie handeln nicht als freie Menschen und gelangen nicht zum Bewusstsein der eigenen Freiheit. Sie verleugnen das Gefühl des Absurden, indem sie verzweifelt versuchen, einen Sinn, der außerhalb ihrer selbst liegt, zu finden. Sie tun dies zum Beispiel, indem sie in einen bodenlosen gegenseitigen Hass verfallen. Das lässt sich anhand dieser Textstelle aus *L'amour fraternel* zeigen:

> Tous deux [Henri et Marc] dépareillés, usés, cherchant dans le monde, par des voies aussi absurdes les unes que les autres, une raison de vivre. [...]. Tout cela

n'était qu'illusion et aussi leurs haines stériles, illusions, leur vaines disputes (de Richaud, *L'amour fraternel* 148).

Die Erzählerstimme erklärt, dass ihr Hass und ihre Streitereien sinnlos ("vaines") sind und einzig und allein dazu dienen, ihnen selbst die Illusion zu geben, ihr Leben habe einen Grund – die verzweifelte Sinnsuche der beiden wird somit als negativ dargestellt. Die Erzählerstimme fügt explizit hinzu, dass diese *raison de vivre*, der Hass auf den Bruder, nur eine Illusion sei, und folglich ihr Leben weiterhin sinnlos und absurd bleibe – das entspricht Camus' Vision der Absurdität.

Ein typisches Beispiel für Sartres Konzept der *mauvaise foi* ist Henris Alkoholismus, dem er nach der Ankunft seines Bruders verfällt:

Ce matin, il était un pauvre homme miné par la fièvre, aux yeux gonflés par l'alcool, aux pensées en dérive. [...] C'était son frère qui avait apporté de la ville cette lèpre immonde... Il en était sûr. Il se complaisait dans cette certitude. Et cette certitude l'empêchait de lutter et de se ressaisir (de Richaud, *L'amour fraternel* 171).

Henri redet sich ein, dass sein Bruder Marc an seinem Verhalten schuld sei. Henris Gedanken ("C'était son frère [...]") werden in erlebter Rede wiedergegeben. Indem er seine Trunksucht mit einer ansteckenden körperlichen Krankheit, Lepra, vergleicht, gibt er vor, dass es außerhalb seiner Möglichkeit liegt, die Situation zu beeinflussen und dass er Marcs Einfluss wehrlos ausgeliefert ist. Er verleugnet somit seine eigene Freiheit. Die Erzählerstimme entlarvt, dass Henri versucht, sich durch die Schuldzuweisungen aus der Verantwortung zu ziehen. Laut der Erzählerstimme wäre es Henri möglich, die Kontrolle über sein Leben zurück zu erlangen: "cette certitude l'empêchait de lutter et de se ressaisir". Das Verb "complaire" betont, dass Henri nichts tut, um sich aus dieser Situation zu befreien.

Henri ist sich seiner Selbsttäuschung allerdings in gewissem Maße bewusst. Das wird an folgender Stelle angedeutet, an der Henri, der zu diesem Zeitpunkt bereits krank und alkoholabhängig ist, in seinem Tagebuch von seinem Hass auf Marc berichtet:

> Peu à peu je me suis eloigné de ma vie... J'ai construit, comme sans doute tous les faibles qui font des efforts surhumains pour se donner une fatalité, une cage où j'avais l'obscur désir d'être enfermé (de Richaud, *L'amour fraternel* 194).

Henris Hass wird als Konstrukt beschrieben, das dazu dient, sich eine "fatalité", also ein prädeterminiertes Schicksal, zu erschaffen und vorzugeben, diesem Schicksal passiv ausgeliefert zu sein. Das Bedürfnis nach einer "fatalité" erkennt Henri als Schwäche. Zudem beschreibt er seinen sinnstiftenden Hass als einen "Käfig", der ihn von seinem Leben fernhält. Diese Sätze können als Ausdruck mehrerer existenzialistischer Grundgedanken ausgelegt werden: Menschen betreiben Selbsttäuschung, um zu vermeiden, mit ihrer eigenen Freiheit (und laut Camus mit der Absurdität der Existenz) konfrontiert zu werden. Diese *mauvaise foi* wird metaphorisch als ein Käfig dargestellt, in dem sich die Figuren selbst einsperren und der sie davon abhält ein authentisches Leben zu führen. *Mauvaise foi* und Sinnkonstruktionen werden hier als Wege dargestellt, mit denen Menschen versuchen, sich der Verantwortung der eigenen Freiheit zu entziehen.

Marc bringt sich am Ende des Romans um. Auch das disqualifiziert ihn, laut Camus, als *homme absurde*. Camus stellt sich in *Le mythe de Sisyphe* die Frage, ob der Mensch aus der Absurdität die Konsequenz des Selbstmords ziehen sollte und kommt zu dem Schluss, dass der Selbstmord nicht die logische Schlussfolgerung der Revolte ist, sondern ihr Gegenteil. Der Mensch der Selbstmord begeht, so Camus, hebt den Zustand der Absurdität auf, anstatt sich mit ihm zu konfrontieren und gegen ihn aufzubegehren (vgl. Camus, "Le mythe de Sisyphe" 286). Folglich lässt laut Camus die absurde Freiheit keinen Selbstmord zu, weil sie die Revolte gegen die menschliche Existenz (und folglich auch gegen den Tod) voraussetzt. Somit stellt der Selbstmord eine weitere Art und Weise dar, vor dem Absurden, und somit auch vor der absurden Freiheit, zu fliehen.

Camus und Sartre teilen in ihren existenzialistischen Philosophien die Ansicht, dass der Mensch frei ist, sich dieser Freiheit jedoch nicht immer bewusst ist bzw. verschiedene Versuche unternimmt, um ihr zu entfliehen. Auch in Richauds Romanen kann eine Art Flucht der Figuren vor der Freiheit identifiziert werden. Dies ermöglicht eine existenzialistische Lektüre der Romane und ist ein weiteres Indiz dafür, dass in Richauds Romanen, vor dem Entstehen des Existenzialismus, bereits einige wichtige Elemente der existenzialistischen Philosophie angelegt waren.

3.3   Problematische zwischenmenschliche Beziehungen

Sartre widmet dem Problem der Existenz des Anderen in seinem philosophischen Hauptwerk *L'être et le néant* ein ganzes Kapitel. Laut Sartre ist die Existenz des Anderen für das Subjekt störend, weil ihm der Blick des Anderen verrät, dass es im Blick des anderen als fixierter Gegenstand existiert (vgl. Roloff 402). Des Weiteren stellt bei Sartre die Freiheit und Fremdheit des Anderen eine Bedrohung für das eigene Frei-sein dar. Deshalb sind für Sartre verschiedene Arten zwischenmenschlicher Beziehungen immer auch in gewisser Weise ein Versuch, die Freiheit des Anderen zu bekämpfen oder aufzuheben – er nennt als Beispiel für diesen Versuch verschiedene Arten von Liebe oder Sexualität (Liebe, Sprache, Masochismus)(vgl. Sartre, *L'être et le néant* 412, 428, 429) . Das Bestreben des Individuums, die Freiheit des Anderen aufzuheben, ist laut Sartre jedoch zum Scheitern verurteilt und bestimmte negative Reaktionen dem Anderen gegenüber (indifférence, désir, haine, sadisme) sind Ausdruck dieses Scheiterns (vgl. Sartre, *L'être et le néant* 412, 429). In Richauds Romanen wird die Beziehung des Individuums zum Anderen ebenfalls oft als sehr problematisch dargestellt. Auch bei Richaud stellt der Blick des Anderen für das Subjekt eine Bedrohung dar. In der folgenden Szene betrachtet Henri das Porträt eines ihm unbekannten Verwandten, das in seinem Haus an der Wand hängt, und denkt über die baldige Ankunft seines Bruders nach:

> Il aurait voulu enjamber l'immense cadre; entrer tout vif dans cette lumière enchantée pendant qu'il en était encore temps. Il ne voulait montrer de lui à son frère qu'une image immobile et muette.
>
> S'il lui était impossible de disparaitre aussi radicalement, il se promettait bien de ne rien se laisser voler de lui-même par cet étranger. Pour la première

fois de sa vie, sans doute, Henri était vraiment méchant
(de Richaud, *L'amour fraternel* 51-52).

Die negativen Gefühle ("Henri était vraiment méchant")
gegenüber seinem Bruder Marc gründen in Henris Ohnmacht,
den Blick seines Bruders Marc auf ihn selbst zu kontrollieren
("il aurait voulu [...] il lui était impossible [...]"). Henri
fürchtet, dass dieser Blick ihm etwas stehlen könnte. Es stellt
sich nun die Frage, was Henri durch den Blick Marcs zu
verlieren fürchtet. Eine mögliche Interpretation ist, dass er
fürchtet seine Freiheit zu verlieren, die ihm abhanden zu
kommen droht, wenn er im Blick Marcs zu einem fixierten
Objekt würde. Möglicherweise würde er es deshalb vorziehen,
Marc nur ein erstarrtes Bild von sich zu zeigen, da in einem
solchen Bild keine Freiheit vorhanden wäre, und diese ihm
somit auch nicht "gestohlen" werden könnte. Diese
Interpretation öffnet eine weitere Parallele zu Sartres Vision
der zwischenmenschlichen Beziehungen.

Generell lässt sich sagen, dass in Richauds Romanen
zwischenmenschliche Beziehungen sehr häufig von den
Reaktionen geprägt sind, die Sartre als Versuch, die Freiheit
des anderen zu beherrschen, beschreibt: Gleichgültigkeit,
Hass, Sadismus, Masochismus. Es handelt sich in Richauds
Romanen zudem oft um *huis clos*-Situationen, also
Situationen in denen mehrere Personen an einem von der
Öffentlichkeit isolierten Ort miteinander konfrontiert sind
(*huis clos* bedeutet wörtlich "mit geschlossenen Türen") (vgl.
"Huis"). Es lässt sich hier eine Parallele zwischen Richauds
Romanen und Sartres Stück *Huis clos* ziehen. In diesem Stück
illustriert Sartre seine Theorie, dass der Freiheitsanspruch des
anderen stets eine Bedrohung für die Freiheit des Individuums

darstellt. Er tut dies anhand von drei Personen, die gemeinsam in einem Raum ("l'enfer"), aus dem sie nicht entfliehen können, festsitzen. Eine ähnliche Situation liegt auch in *La barette rouge* vor: Esther und Siffrein leben unter einem Dach und können dieser gemeinsamen Wohnsituation nicht entfliehen – Siffrein, weil er von der Polizei gesucht wird, und Esther, weil sie keinen anderen Ort hat, an den sie gehen könnte. Ihr Versuch, sich mit der Anwesenheit des jeweils anderen zu arrangieren endet damit, dass Siffrein zum brutalen Sadisten wird und Esther vergewaltigt und tötet. In *La fontaine des lunatiques* sind es ein Vater und ein Sohn, die zu Beginn des Romans zu zweit in einem Haus isoliert vom Rest der Welt leben und in dieser Situation der ständigen Konfrontation mit dem anderen beginnen, sich zu hassen. Auch Henri und Marc in *L'amour fraternel* leben zu zweit auf engem Raum und beginnen sich selbst und den anderen zu hassen.

3.4 Schreiben als Revolte

Ein Teil von Camus wichtigstem Text über den Existenzialismus, *Le mythe de Sisyphe*, ist der "création absurde" gewidmet. Für Camus ist der Schriftsteller, ebenso wie Don Juan, der Schauspieler oder der Eroberer, ein Beispiel für den *homme absurde*. Im kreativen Schaffen des Künstlers oder Autors sieht Camus den Ausdruck der Revolte des Menschen gegen die Absurdität:

> De toutes les écoles de la patience et de la lucidité, la création est la plus efficace. Elle est aussi le bouleversant témoignage de la seule dignité de l'homme: la révolte tenace contre sa condition, la

persévérance dans un effort tenu pour stérile (Camus, "Le mythe de Sisyphe" 323).

Camus fügt hinzu, dass es sich bei der Art von absurder Kreation nicht um Literatur handeln soll, die, wie ein Thesenroman, die Welt erklärt oder die Hoffnung aufkommen lässt, denn das wäre eine Literatur, die der Absurdität ausweicht (vgl. Camus, "Le mythe de Sisyphe" 323). Er beschreibt folgendermaßen, was er sich unter einem Autor vorstellt, der dem Bewusstsein der Absurdität der menschlichen Existenz gerecht wird:

> Décrire, telle est la dernière ambition d'une pensée absurde. [...]. L'explication est vaine, mais la sensation reste et, avec elle, les appels incessants d'un univers inépuisable en quantité. On comprend ici la place de l'œuvre d'art. [...].
>
> [La pensé du créateur absurde] se joue – dans des mythes sans doute – mais des mythes sans autre profondeur que celle de la douleur humaine et comme elle inépuisables. Non pas la fable divine qui amuse et aveugle, mais le visage, le geste et le drame terrestres où se résument une difficile sagesse et une passion sans lendemain (Camus, "Le mythe de Sisyphe" 311).

In Richauds fünftem Roman *La nuit aveuglante* wird das Schreiben ebenfalls als Revolte betrachtet. *La nuit aveuglante* erschien im Jahre 1944 und ist somit nach der Veröffentlichung einiger wichtiger Werke des französischen Existenzialismus, wie *L'étranger*, *Le mythe de sisyphe* oder *L'être et le néant*, entstanden. *La nuit aveuglante* erzählt die Geschichte von Cyprien, dessen Gesicht in eine furchterregende Teufelsfratze verwandelt wird. Als junger Mann hatte er in dem provenzalischen Dorf, in dem er aufgewachsen war, während einer religiösen Prozession eine

Teufelsmaske aufgezogen, um seine Mitbürger zu erschrecken. Die Maske war allerdings, als göttliche Strafe für seinen Scherz, auf seinem Gesicht haften geblieben. Seitdem lebt er, vor allen anderen Menschen verborgen, in einem einsamen Haus auf dem Land. Das Haus, ebenfalls von Gott kontrolliert, hat ein magisches Eigenleben: Es hält Cyprien mit magischem Wein, der aus dem Wasserhahn kommt, am Leben, ist aber gleichzeitig ein Gefängnis für ihn, denn er kann es nicht verlassen und muss sich seinen seltsamen Gesetzen beugen. Er beginnt dort zu schreiben, um sich die Zeit zu vertreiben und gegen die höhere Macht zu rebellieren. Die folgende Aussage zeigt, dass er ihm bewusst ist, dass das Schreiben sinnlos ist, er aber trotzdem weiterschreibt: "Je me dis: 'À quoi bon continuer? À quoi bon me fatiguer à cette relation qui ne sera sans doute jamais lue? [...] Mais je me suis engagé dans cette histoire: allons-y!" (de Richaud, *La nuit aveuglante* 23). Das Schreiben ist ein Zeitvertreib für Cyprien, aber gleichzeitig auch eine Auflehnung gegen sein Schicksal und gegen den Gott, der ihn zu seinem einsamen und absurden Dasein verdammt hat:

> L'écriture n'a jamais été vue d'un bon œil par le Dieu. Écrire c'est se révolter. Parler de Lui, aussi bien qu'on le fasse est toujours en deçà ou au-delà de la vérité. L'Écriture, la Peinture, la Sculpture, même si elles sont à la gloire de Dieu, ont été inventé par l'homme pour se désennuyer ; donc pour s'empêcher de renifler son affreux destin, donc, sont des blasphèmes (de Richaud *La nuit aveuglante* 19-20).

Wie Camus' *homme absurde* ist auch Richauds Protagonist Cyprien in eine Welt geworfen, die sich seinem Verständnis entzieht, und er lehnt sich gegen diesen Zustand auf: "C'est trop atroce. C'est trop injuste. [...] Je suis comme le navigateur abandonné sur une île déserte, mais je sais que le salut ne viendra pas de l'horizon" (de Richaud, *La nuit aveuglante* 76). Cyprien beschreibt seine Existenz als die eines freien Gefangenen. Diese Beschreibung entspricht Camus' Vision der menschlichen Existenz, die er als frei und zugleich unfrei beschreibt, nämlich als eine Freiheit, wie sie ein zu Tode verurteilter erfährt: Innerhalb der Bedingungen seiner absurden Existenz genießt er Handlungsfreiheit (vgl. Camus, "Le mythe de Sisyphe" 289). Das ist auch bei Cyprien der Fall, wie die folgende Stelle ausdrückt: "On se disait peut-être: 'Il ne lui est rien défendu: sa seule condition de prisonnier libre le fait souffrir. Il n'osera plus écrire'. Eh bien non! Aujourd'hui je me révolte!" (de Richaud, *La nuit aveuglante* 21). Das Erzählen der menschlichen Existenz und ihrer Absurdität ist ein Akt der Rebellion gegen ebendiese Existenz. Richauds Vision des literarischen Schaffens in *La nuit aveuglante* zeigt folglich eine große Ähnlichkeit mit der von Camus in *Le mythe de Sisyphe* dargelegten Vision.

Selbstverständlich gibt es auch einige gravierende Unterschiede zu Camus existenzialistischen Texten, beispielsweise die Anwesenheit eines Gottes in Richauds *La nuit aveuglante*. Es handelt sich allerdings um einen sehr ambivalenten Gott, dessen Existenz zweifelhaft ist. In der Tat lässt sich der ganze Roman als ein Prozess der Emanzipation von Gott auslegen: Zu Anfang des Romans ist der Protagonist freier Gefangener in dem magischen Haus, dessen Gesetze von dem ambivalenten Gott bestimmt werden. Am Ende des Romans jedoch gelingt es ihm, sich aus dieser Gefangenschaft zu befreien:

> Il n'était plus question maintenant de chercher du travail comme un paria, mais, au contraire, de s'élever vers quelque liberté sublime. Il ne s'agissait plus de rire, d'attendre un signe d'en haut, puisque tout disait à Cyprien quel tous les signes étaient épuisés (de Richaud, *La nuit aveuglante* 140).

In dem Zitat scheint der Gott, der vorher Cypriens Leben bestimmte, abwesend: es gibt keine Zeichen mehr von ihm und Cyprien kann nun das Haus verlassen. Der Protagonist des Romans scheint durch diese Emanzipation zu einer gewissen Freiheit ("quelque liberté sublime") zu finden. Auch dieses Lossagen von Gott, das zur Freiheit führt, passt zu Camus' und Sartres Idee des atheistischen Existenzialismus. Alles in allem lässt Richauds Darstellung des Menschen, der mittels kreativen Schaffens gegen die Bedingungen seiner absurden Existenz revoltiert, einen Einfluss der Ideen des Existenzialismus erkennen.

In seinem letzten Roman *L'étrange visiteur* verfasst Richaud, wie Camus in *Le mythe de Sisyphe*, eine Art Poetik des Romans:

> Il est doux, assis sur le bord d'un conte que l'on aime, de caresser le pelage de son œuvre. Surtout quand on a pour cette œuvre la tendresse qu'il sied d'avoir pour les êtres humbles et tyranniques de la vie. Un grand roman, c'est une ville muette et trouée de meurtrières, et on parcourt, un peu effrayé, la nuit, les douves aux reflets d'étain; cherchant entre les créneaux l'étoile dont on va dire à tout le monde qu'elle vous a guidé tandis qu'on était guidé ni suivi par rien. Seulement par cette ombre implacable qui, au lieu de vous suivre, vous poursuit, qui est cette chose faible et mortelle qui est vous, qui vous sert à créer des mirages alors que vous n'êtes qu'un petit diamant – et encore avec des crapauds dans la

grande rivière éternelle... (de Richaud, *L'étrange visiteur* 231).

Im Gegensatz zu Camus Beschreibung seiner Vision des absurden Romans im philosophischen Essay *Le mythe de Sisyphe*, ist Richauds Poetik Teil eines Romans. Sie ist auch deutlich literarischer und weniger beschreibend und erklärend als die von Camus. Dennoch lassen sich einige Gemeinsamkeiten feststellen. Der Roman wird metaphorisch als "ville muette" beschrieben. Die Stadt – der Roman – ist stumm, folglich erklärt er weder sich selbst, noch gibt er eine Erklärung der Welt. Er ist kein Thesenroman. Der Autor wird durch nichts, durch keine höhere Macht (l'étoile) geführt, sondern nur von "cette chose faible et mortelle qui est vous", der eigenen sterblichen menschlichen (und möglicherweise absurden) Existenz angetrieben. Dem Werk selbst solle man mit der gleichen Zärtlichkeit wie den "êtres humbles et tyrannique de la vie" begegnen. Das Kunstwerk selbst wird also hier auch als ein durch und durch irdisches und menschliches beschrieben, wie bei Camus, für den die absurde Kreation sich in Mythen über die menschliche Existenz ausdrückt: "mythes sans autre profondeur que celle de la douleur humaine" (Camus, "Le mythe de Sisyphe" 324).

3.5   *L'étrange visiteur* und *L'étranger*

L'étrange visiteur, 1956 veröffentlicht, ist Richauds achter Roman. *L'étrange visiteur* beschreibt das merkwürdige Schicksal des Aloys Protesteign. Aloys ist vollkommen mittellos und lebt in einem heruntergekommenen Hotel im Quartier Latin. Eines Tages überbringt ihm ein Unbekannter ein unverhofftes Erbe. Er empfiehlt Aloys, sich in ein bestimmtes Dorf in Südfrankreich zu begeben und dort ein neues Leben zu beginnen. Dort angekommen, macht Aloys die Bekanntschaft des exzentrischen und allseits beliebten Jules und freundet sich mit ihm an. Kurze Zeit später erfährt Aloys, dass dort ein Mord geschehen ist und dass das Opfer niemand anders ist als sein mysteriöser Wohltäter. Aloys hört außerdem, dass sein Wohltäter ein berühmter Stummfilmschauspieler gewesen war, der im Dorf, in einer entlegenen Villa voller lebensgroßer Wachsfiguren gelebt hatte, die ihn selbst in Szenen seiner berühmtesten schauspielerischen Darbietungen darstellten. Wenig später legt der auktorialen Erzähler dar, dass Jules eine sehr zwielichtige Figur ist und dass er den Schauspieler, auf Grund eines persönlichen Grolls, umgebracht hat und nun auch Aloys ermorden will. Mit einer Giftspritze ausgestattet, lockt Jules Aloys auf einen Spaziergang, um ihn zu töten. Die Machtverhältnisse kehren sich jedoch unerwartet um, und nun ist es Aloys, der Jules, dessen Absichten er erkannt hat, töten will. Jules kommt ihm jedoch zuvor, indem er flieht, Selbstmord begeht und einen Abschiedsbrief hinterlässt, in dem er sein Verbrechen gesteht und Aloys zu seinem Erben macht. Am Ende des Romans steht ein rätselhaftes Fazit. Aloys kehrt wieder nach Paris zurück und alles ist wieder wie vor seinem Aufbruch. Er sei zwar nun reich, aber Jules habe ihm sein Leben gestohlen, indem er sich nicht von ihm habe töten lassen. *L'étrange visiteur* vereint in sich Elemente des Kriminalromans, des Thrillers, einer grotesken Komödie – und des existenzialistischen Romans. Es sind hier deutliche Einflüsse des Existenzialismus zu erkennen, insbesondere von

73

Camus' *Le mythe de Sisyphe* und *L'étranger*. Richaud macht wiederholt Anspielungen auf diese Texte. Die wichtige Beziehung dieses Texts zum Existenzialismus ist klar zu erkennen, bleibt aber zutiefst ambivalent.

L'étrange visiteur hat viele frappierende Ähnlichkeiten mit Camus' *L'étranger* und *Le mythe de Sisyphe*, sodass es scheint, als spiele Richaud mit dieser literarischen Tradition. Bereits der Titel beginnt genauso wie Camus' *L'étranger*. Das Wort "absurde" kommt bereits im ersten Satz vor ("Aloys – quel nom absurde ses parents lui avaient flanqué sur les oreilles, à celui-là!" (de Richaud, *L'étrange visiteur* 11)), was den Eindruck verstärkt, dass diese Anspielungen auf Camus' Texte gewollt sind. Das Thema des Absurden ist von Anfang an gegenwärtig, nicht nur im Vokabular, sondern auch in der Handlung, denn die einzelnen Ereignisse folgen ohne offensichtlichen Zusammenhang aufeinander. Dinge passieren, werden aber nie erklärt, so bleibt beispielsweise bis zum Ende offen, warum der mysteriöse Wohltäter Aloys gebeten hat, in sein Dorf zu kommen, oder warum Jules in einem plötzlichen Sinneswandel Selbstmord begeht und Aloys zu seinem Erben macht. Insofern handelt es sich um eine Darstellung der Welt als absurd, in Camus Worten "un monde où tout est donné et rien n'est expliqué" (Camus, "Le mythe de Sisyphe" 336). Ähnlich wie in Kafkas Roman *Der Process* gibt es in *L'étrange visiteur* einen realistischen Rahmen, innerhalb dessen unbegreifliche Dinge geschehen.

Wie die Figuren in *L'amour fraternel* ist auch Aloys ein gescheiterter homme absurde. Zu Anfang des Romans ist er wie ein Spielball, der sich passiv seinen Lebensbedingungen und dem Willen der anderen Charaktere fügt. Er ist auch ein typisches Beispiel für Sartres Konzept der *mauvaise foi*, da er, wenn er mit seiner eigenen Freiheit konfrontiert wird, Strategien entwickelt, um ihr zu entfliehen. Ein Beispiel dafür ist folgende Szene, in der er sich als Jugendlicher im Internat absichtlich bestrafen lässt:

> Il avait l'art de n'être puni que lorsqu'il le voulait. Il se faisait punir quand il n'avait d'argent. Le cinéma et le football étaient les seules distractions de la petite ville. Qu'aurait il fait tout seul, de une heure à sept heures du soir, le dimanche? [...] Alors malgré la bonne volonté que les professeurs mettaient à éviter de le consigner, il arrivait à se faire garder au collège. L'arrivée du dimanche lui était une véritable angoisse (de Richaud, *L'étrange visiteur* 20).

Das Gefühl der *angoisse* überfällt Aloys immer dann, wenn er selbst die Freiheit hat zu entscheiden, was er tun wird. Bei Richaud bezeichnet das Wort *angoisse* hier, wie auch bei Sartre, ein beunruhigendes Symptom der menschlichen Freiheit (vgl. Sartre, *L'existentialisme est un humanisme* 32-33).

Als Jules Aloys ermorden will, ist Aloys sich dessen bewusst. Die Erzählerstimme vergleicht seine Klarsichtigkeit mit dem Bewusstsein eines zu Tode Verurteilten, der zum Schafott emporsteigt:

> Cette compréhension des choses incompréhensibles qu'on acquiert dans les grandes circonstances, un condamné à mort, voyant une petite pierre, même une fleur, sur les marches de l'échafaud, peut se sentir éclairé et se dire, au dernier moment: 'Si j'avais compris les fleurs! Si j'avais aimé les pierres. [...] C'est l'instant où brille [...] la certitude du sacrifice (de Richaud, *L'étrange visiteur* 210-211).

Aloys nimmt sein Todesurteil mit Resignation hin:

> Aloys marchant un peu en arrière de Jules qui semblait le tirer par une invisible écharpe. Un peu comme une bête qu'on mène à l'abattoir, mais qui n'a pas de ces révoltes 'humaines', des animaux qui ont oublié ou ne savent pas encore leur rôle (de Richaud, *L'étrange visiteur* 213).

Diese Textstelle kann als eine Anspielung auf *Le mythe de Sisyphe* gelesen werden, denn Richaud baut hier drei von Camus' wichtigsten Konzepten und Bildern ein: das Absurde, den zu Tode Verurteilten und die Revolte. Diese Stelle zeigt jedoch auch, dass Aloys nicht wie Camus' *homme absurde* handelt. Er revoltiert nicht gegen sein Schicksal, im Gegenteil, er bewilligt sogar den Tod und seine eigene Unfreiheit, wie die folgende Textstelle zeigt: "Il est doux d'attendre la mort quand on sait qu'elle vient. Il est doux d'avoir un geôlier, même imaginaire, qui vous déleste, dans les situations embarrassantes" (de Richaud, *L'étrange visiteur* 217). Das Verb "délester" zeigt, dass Aloys es als Erleichterung betrachtet, dass Jules über seinen Tod entschieden hat. Es ist von einem "geôlier, même imaginaire" die Rede. Das zeigt, dass die Unfreiheit eines Menschen auch durch seine eigenen Gedanken entstehen kann, und somit in gewissem Maße selbst verschuldet ist – eine Ansicht, die auch Camus und Sartre vertreten.

Letztendlich lehnt sich Aloys doch noch gegen seinen Tod auf. Er begreift plötzlich, dass er entscheiden kann, ob er nun sterben wird oder nicht (vgl. de Richaud, *L'étrange visiteur* 230). Dieses Bewusstsein löst in ihm ein Gefühl aus, das Camus' *liberté absurde* gleicht:

> Sa main droite serrait son sein gauche et, pour la
> première fois, il sentait le battement de son cœur. Il se
> sentait vivre. Et il sentait qu'il y avait dans le futur
> autant de vies en lui qu'il y avait d'étoiles au ciel et
> d'aiguilles de pins dans les chemins creux (de Richaud,
> *L'étrange visiteur* 235-236).

Aloys fühlt, dass er lebt und begreift, dass ihm – dank seiner Handlungsfreiheit – in der Zukunft viele Möglichkeiten offenstehen ("il y avait autant de vies en lui qu'il y avait d'étoiles au ciel"). Mit Sartres Worten könnte man sagen, dass er seine Fähigkeit entdeckt, sich in jedem Moment neu zu entwerfen ("pro-jeter") (vgl. Sartre, *L'existentialisme est un humanisme* 23).

Dieser Moment, in dem er einem existenzialistischen Romanhelden wie Meursault in Camus *L'étranger* ähnlich wird, ist jedoch nicht von Dauer. Kurz darauf meint Aloys, den Sinn seines Lebens erkannt zu haben. Er ist sich sicher, dass er der Held einer Erzählung ist:

> Il était un personnage de conte, c'est certain; il en est
> sûr [...]. Il sait, il se rend compte que, sans quelqu'un
> qui l'a aimé avant de le connaître et qui lui a donné
> beaucoup de son sang, il ne serait jamais arrivé à être
> un héros de roman. Alors il se sent fier et reconnaissant
> pour son créateur.
>
> [...]il faudrait être le dernier des derniers pour ne pas
> mettre, cette nuit même, un terme à cette histoire et
> prouver sa reconnaissance à celui à qui il doit la vie (de
> Richaud, *L'étrange visiteur* 241)

Der Glaube an einen liebenden Schöpfer ist zugleich der Glaube an eine sinnhafte Existenz. Das Vokabular dieser Passage ("créateur", "reconnnaissance") ließe sich ebenfalls in einem religiösen Kontext anwenden. Das deutet darauf hin, dass Aloys Überzeugung, eine fiktive Figur in einer Erzählung zu sein, in ihren Grundzügen dem Glauben an einen Gott entspricht. Laut Camus ist ein solcher Glaube ein *saut*, da der Mensch dadurch dem Gefühl der Absurdität seines Lebens entflieht. Aloys Überzeugung, eine fiktive Figur zu sein, zieht auch einen Glauben an ein vorbestimmtes, sinnhaftes Schicksal nach sich. Dieses Schicksal, so glaubt Aloys, besteht darin, Jules zu töten:

> Il voulait avoir la peau de Jules. Il fallait que l'autre y passe avant que tout finisse et comme on est heureux quand on est sûr de son destin!... On sent la nuit qui vous lèche les jambes comme une chienne aimée. On sait où est le bout de la route (de Richaud, *L'étrange visiteur* 243).

Dank dieser Sinnkonstruktion verschwinden die Unsicherheiten von Aloys früherem Leben. Er ist froh und erleichtert darüber und fühlt sich, wie das Pronomen "on" und der Vergleich der Nacht mit einer geliebten Hündin zeigt, als Teil seiner Welt und seines Lebens.

Aloys' vermeintlicher Lebenssinn bricht jedoch schnell wieder in sich zusammen, als sein erwartetes Schicksal nicht eintrifft, und er Jules nicht töten kann, weil dieser sich bereits selbst getötet hat. Er beraubt Aloys somit seines Lebenssinns und gleichzeitig, im übertragenen Sinn, seines "Lebens":

> Puis tout rentra dans l'ordre et Aloys à Paris. 'Toujours à l'Hôtel du Tarn-et-Garonne', plus Aloys que jamais et plus abandonné que nature. Il reviendrait dans quelques temps pour vendre les antiquités.
>
> Certainement, il était riche à présent. Mais le sinistre personnage, en lui volant sa mort, lui avait volé sa propre vie (de Richaud, *L'étrange visiteur* 250).

78

Das Ende des Romans zeigt, dass Aloys, obwohl er mehrmals Ansätze dazu gezeigt hat, nicht Camus' Vision eines *homme absurde* entspricht: Er ist kein glücklicher Sisyphos, der sein Leben besser lebt, gerade weil er sich bewusst ist, dass es keinen Sinn hat. Am Ende des Romans steht nicht die absurde Freiheit, sondern die endgültige Rückkehr in sein eigenes unglückliches und fremdbestimmtes Leben.

Das Ende von *L'étrange visiteur* ist in gewisser Weise die Umkehrung des Schlüsselmoments in Camus *L'étranger*: Meursaults Mord an dem Araber (vgl. Camus, "L'Étranger" 208). Bei Richaud ist der entscheidende Moment, im Gegensatz zu *L'étranger*, kein Mord, den der Protagonist ungeplant begeht, sondern ein geplanter Mord, den der Protagonist nicht begehen kann. Camus' Figur Meursault macht eine Entwicklung durch, während Aloys am Ende des Romans, obwohl er inzwischen knapp dem Tode entronnen ist und ein Vermögen geerbt hat, in der gleichen psychologischen Verfassung ist wie am Anfang des Romans. Gegen beide Figuren liegt eine Art von Todesurteil vor, aber nur eines davon wird ausgeführt. Meursault lernt in gewisser Weise zu leben, während Aloys das Leben "verlernt".

L'étrange visiteur ist erst nach Camus und Sartres bekanntesten philosophischen und literarischen Texten entstanden. Richaud setzt sich in diesem Roman mit Camus' existenzialistischen Texten auseinander, vor allem mit den Ideen, die Camus in *Le Mythe de Sisyphe* und *L'étranger* äußert. Die Position, die *L'étrange visiteur* gegenüber diesen Ideen einnimmt, bleibt jedoch ambivalent und lässt mehrere Interpretationen zu. Eine mögliche Lesart von *L'étrange visiteur* wäre, dass der Roman eine Art Anti-*L'étranger* ist, der zeigt, dass der Mensch am Ideal des *homme absurde* nur scheitern kann, oder sogar Camus Vision des freien Menschen eine deterministische Vision entgegenstellt, die den Menschen als ein Wesen sieht, das sich nicht von seinen Gegebenheiten (Persönlichkeit und Lebensumstände) emanzipieren kann. Eine pro-existenzialistische Lesart des Romans ist ebenfalls möglich: In dieser ist Aloys ein Antiheld, der durch seine eigene Schwäche an den Forderungen des absurden Lebens scheitert, und dadurch darauf hinweist, dass dieses Ideal schwer zu erreichen, aber dennoch gültig ist. Wie auch in Richauds frühen Romanen spielen hier einige Konzepte des Existenzialismus, wie das Absurde, das er mit der scheiternden Sinnsuche des "existenzialistischen Antihelden" Aloys regelrecht auf die Spitze treibt, eine wichtige Rolle. Die Position, die Richaud in diesem Spiel mit existenzialistischen Ideen einnimmt, ob er sie affirmiert oder parodiert, bleibt ambivalent.

Zusammenfassend kann festgehalten werden, dass Richaud ein Vorreiter der existenzialistischen Literatur war, weil einige wichtige Grundideen der existenzialistischen Philosophie (das Absurde, die Abwesenheit eines Gottes, die Flucht vor der Freiheit, scheiternde zwischenmenschliche Beziehungen) bereits vor der Entstehung des Existenzialismus als solchem in seinen frühen Romanen *L'amour fraternel*, *La barette rouge* und *La douleur* präsent waren, was eine existenzialistische Lesart dieser Romane, wie sie hier vorgeschlagen wird, möglich macht. Es könnte sein, dass diese Romane auch Camus' existenzialistische Texte beeinflusst haben. Darüber hinaus wurde die These illustriert, dass — umgekehrt — Richauds späteres Werk Einflüsse des

Existenzialismus (vor allem von Camus und Sartre) aufweist. In *La nuit aveuglante* und *L'étrange visiteur* nimmt er einige Elemente von Camus und Sartres existenzialistischen Texten auf und setzt sich mit ihnen auseinander. André de Richaud schreibt sich somit gewissermaßen doppelt, als Vorgänger und Nachfolger, in den Diskurs des Existenzialismus ein.

4. *La douleur* – ein Skandalroman: Rezeption

"ELLE: Je suis d'une moralité douteuse, tu sais. [...]

LUI: Qu'est-ce que tu appelles, être d'une moralité
douteuse? [...]

ELLE: Douter de la morale des autres."

Marguerite Duras, *Hiroshima mon amour* (55)

"Si vous ne tenez pas à être secoué dans votre sérénité tiède et
molle, vous fuirez *La douleur*."

Georges Bergner, "Le roman d'un jeune," *Journal d'Alsace et de
Lorraine*, 11.02.1931

Bei den Recherchen in der Materialsammlung des *Institut mémoires de l'édition contemporaine* (IMEC) zu André de Richaud und auf Gallica konnte ich 47 Artikel über *La douleur* aus den Jahren 1930 und 1931 ausfindig machen – und das ist nur ein Teil der erschienenen Artikel. Darunter sind sogar einige Zeitschriftenartikel aus anderen Ländern (Niederlande, Österreich und Rumänien). André de Richaud erreichte also in jungen Jahren eine Bekanntheit, die sogar über die Grenzen Frankreichs hinausging. Ein Teil dieser enormen Bekanntheit, die Richaud 1931 nach der Veröffentlichung des Romans erlangte ist mit Sicherheit der Polemik um Richauds knappes Verfehlen des *Prix du premier roman* und ihrer geschickten Ausnutzung durch Richauds Verleger, Bernard Grasset, zu verdanken. Der Umstand des verweigerten Preises hatte außerdem zur Folge, dass *La douleur* von Anfang an der Ruf eines potentiell unmoralischen oder zumindest fragwürdigen Skandalromans anhaftete. Der kontroverse Charakter schien sich beim Erscheinen des Romans im folgenden Jahr zu bestätigen: Die Reaktionen der Presse waren, genau wie die Meinungen der Jurymitglieder des *Prix du premier roman*, sehr gespalten und reichten von großem Enthusiasmus bis zu vernichtenden Verrissen. Das Verfehlen des Preises und die polarisierte Debatte, die dies hervorrief, sind Teil eines Mythos um den Roman geworden: Seit seiner Erstausgabe wird der Roman mit Vorworten veröffentlicht, die über seine außergewöhnliche Geschichte und Rezeption berichten. Seit 1931 wird zusammen mit dem Text des Romans auch die Geschichte seiner Veröffentlichung überliefert. Aus diesem Grund scheint es mir wichtig auf die Geschichte der Veröffentlichung und Rezeption des Romans einzugehen, bevor ich mich dem Text von *La douleur* selbst und seinen stilistischen Charakteristika widme. Zunächst wird hierfür die Geschichte des Romans und seiner Veröffentlichung umrissen. Im Anschluss daran soll anhand der zahlreichen in der Presse erschienen Rezensionen von *La douleur*[3] untersucht werden, was genau an dem Roman 1930 und 1931 als (potenziell) skandalös oder unmoralisch wahrgenommen

---

[3] Die hier zitierten Artikel zu Richaud aus dem *Institut mémoires de l'édition contemporaine* (IMEC) wurden aus Zeitungen ausgeschnitten und sind zum Teil leider nur mit unvollständigen Quellenangaben versehen – häufig fehlen der Name des Autors (oder es sind nur Initialien angegeben), der Name der Zeitschrift, der Name des Artikels oder das Datum. Ich habe die Quellen so vollständig wie möglich angegeben. Artikel, über die ich nicht alle Informationen ausfindig machen konnte, sind in der Bibliographie mit […] markiert. Alle hier erwähnten Presseartikel liegen mir in digitalisierter Form vor.

wurde. Zuletzt soll auf die in verschiedenen Zeitungsartikeln wiederkehrende Kritik, *La douleur* sei "invraisamblable", eingegangen werden – diese Kritik an Richauds Roman soll anhand der Presserezensionen über Richauds Roman analysiert und interpretiert werden.

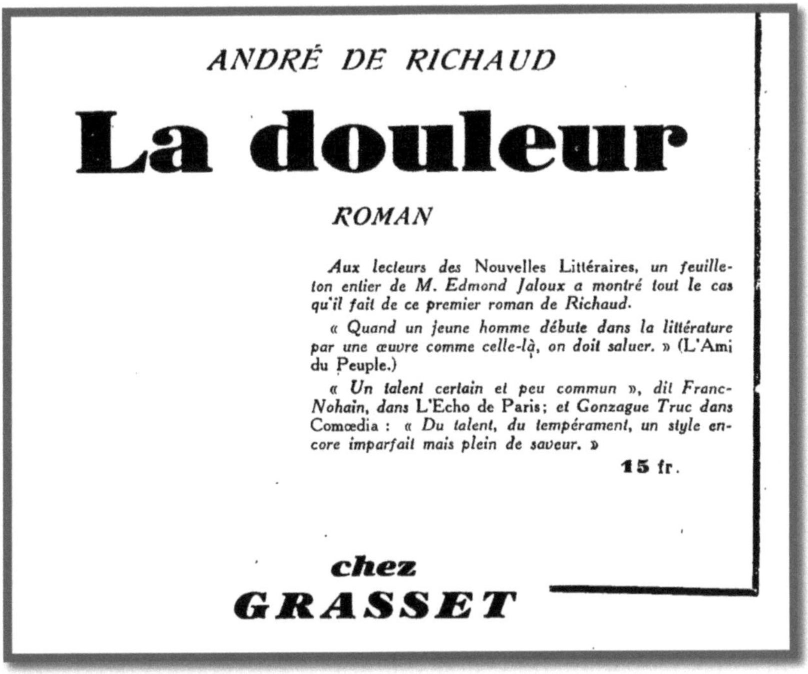

Abbildung 2: Werbeanzeige in L'europe, *15.03.1931, ("Les deux jeunes dont on parle")*

4.1   *Prix du premier roman* und Veröffentlichung von *La douleur*

Um diese Fragen zu beantworten, muss zunächst einmal im Detail auf die Geschichte der Veröffentlichung des Romans eingegangen werden: Im Jahre 1930 reicht André de Richaud das Manuskript seines ersten Romans, *La douleur*, bei der Jury *Prix du premier roman* ein, der in diesem Jahr zum zweiten Mal von der *Revue hebdomadaire* vergeben wird. Die Jury, bestehend aus Edouard Estaunié, Jean Giraudoux, François Mauriac, André Maurois, Jacques de Lacretelle, Georges Bernanos, Julien Green und François Le Grix, wird auf Richauds Manuskript, das unter den 185 Einsendungen hervorsticht, aufmerksam. Die Juroren sind geteilter Meinung: Zwei von ihnen, Francois le Grix und ein anderer, sind begeisterte Fürsprecher Richauds, zwei andere – sie werden zwar nicht namentlich erwähnt, jedoch lässt sich aus Andeutungen von Francois Le Grix in einem Artikel der *Revue hebdomadaire* schließen, dass es sich vermutlich um Francois Mauriac und Julien Green handelt (vgl. Le Grix 66)[4] – sind aus moralischen Gründen gegen die Preisvergabe an Richaud. Die restlichen vier sind ihm wohlgesonnen, aber zögern. Nach hitzigen Debatten fügt sich die Jury dem Willen der beiden Mitglieder, die moralische Bedenken haben. Sie entscheiden sich, Richaud zu gratulieren, ihm aber den Preis nicht zu

---

[4] "Les deux membres du jury qui ont refusé leur suffrage jusqu'au bout à André de Richaud étaient ceux dont j'attendais le plus chaleureux assentiment. Il me semblait que leur imagination, tournée vers le sombre ou l'effrayant, leur permettrait de respirer à l'aise parmi les véhémences ou les audaces de Richaud [...]" (Le Grix 66).

verleihen, auch aus Sorge, die Preisvergabe und die damit zusammenhängende Veröffentlichung von *La douleur* in der *Revue hebdomadaire* könnte die Leser der Revue verärgern. Sie halten Richaud aber trotz allem für den vielversprechendsten Kandidaten unter den Bewerbern, und so entscheiden sie sich, die Vergabe des Preises in diesem Jahr auszusetzen. Richaud geht somit, obwohl er den Preis nicht erhält, gewissermaßen als Gewinner aus dem Wettbewerb hervor. Die Jury teilt ihre Entscheidung in folgendem Kommuniqué mit, das in der *Revue hebdomadaire* sowie in einigen anderen Zeitungen und Revuen abgedruckt wird:

> Le jury du Prix du premier roman, fondé l'année dernière par la *Revue hebdomadaire*, s'est réuni plusieurs fois au cours du mois de mai chez le directeur de la Revue, M. François Le Grix. On se rappelle que ce jury comprend M. Estaunié, de l'Académie française, président, MM. Jean Giraudoux, François Mauriac, André Maurois, Jacques de Lacretelle, Georges Bernanos, Julien Green, Guy de Pourtalès et François Le Grix. M. Guy de Pourtalès, actuellement en Indochine, n'a pu prendre part, cette année, aux travaux de ses confrères. Cent quatre-vingt-cinq manuscrits ont été remis à la *Revue hebdomadaire* pour ce concours, chiffre sensiblement supérieur à celui de l'année dernière. On voudrait penser que tant de prémices seront suivies d'heureuses moissons pour les lettres!... Les discussions du jury ne se sont pourtant resserrés qu'autour de trois ou quatre de ces livres; et finalement, un seul candidat, M. André de Richaud, âgé de vingt-deux ans, a frôlé de très près la chance du prix, avec un roman intitulé *La douleur*. Il comptait parmi le jury des partisans chaleureux et déterminés, mais bien qu'une quasi unanimité se soit faite sur son talent et ses chances d'avenir, le jury, après de longues hésitations, s'est rangé à l'avis de quelques-uns de ses membres qui

n'ont pas estimé qu'une œuvre comme *La douleur*, de par certaines de ses tendances, pût être proposée en exemple, par une telle consécration, à la génération littéraire de demain. Le Prix du Premier roman est donc reporté à l'année prochaine. M. André de Richaud publiera prochainement chez Bernard Grasset un grand poème sur la *Création du monde*, ce qui sera pour lui, nous le lui souhaitons cordialement, une autre manière de sortir gagnant de l'épreuve (Le Grix 59-60).

Die Entscheidung der Jury ist kontrovers. Der Schriftsteller Joseph Delteil ist vom Talent des jungen Autors, der ihm 1928 einen Text, *La vie de Saint-Delteil*, gewidmet hatte, überzeugt. Er verteidigt Richaud mit Verve und auch der Journalist Louis Marsolleau macht der Jury in der Zeitschrift *l'ordre* Vorwürfe:

> Mais votre abstention cette année [...] n'était pas commandée par le défaut de mérite, puisque vous aviez André de Richaud [...]. Le jury du premier roman avait l'occasion de tendre la palme à un auteur "inimitable"; et il ne l'a point fait. Quelle erreur! (Marsolleau zitiert in Le Grix 68).

François Le Grix, Redakteur der *Revue hebdomadaire*, sieht sich genötigt, sowohl die Entscheidung der Jury, den Preis *nicht* an André de Richaud zu vergeben, zu rechtfertigen als auch Richaud zu verteidigen und zu erklären, warum dieser seiner Meinung nach *kein* "écrivain dangereux, pestilentiel" (Le Grix 69) ist. Er setzt sich in seinem Text in der *Revue hebdomadaire*, der direkt nach dem Kommuniqué abgedruckt wird, für Richaud ein und distanziert sich somit von der Entscheidung der Jury. Er bezeichnet Richaud in diesem Text als einen Autor mit poetischer Begabung, der von Talent und Unschuld nur so "trieft":

[...] Cet enfant ruisselle de dons. Ce sont ces dons qui me séduisent, qui m'émeuvent, plus que l'usage qu'il en fait. Qu'en fera-t-il? Toute la question est là, mais le meilleur moyen pour l'aider à en faire bon usage n'est-il pas de l'aider à prendre conscience de lui-même?

Des dons de romancier, je le crois, je ne l'affirme pas encore: *La douleur*, ce livre sur lequel notre jury s'est penché longtemps, me paraît être un vrai, un très beau roman, si le premier don du romancier est de prêter une vérité presque hallucinante à des êtres, à des situations, à des paysages; si d'abord il doit savoir conter, c'est-à-dire nous obliger à le suivre. Mais peut-être André de Richaud possède-t-il davantage et plus incontestablement le don de poésie. Pourquoi cela le diminuerait-il? Persisterons-nous toujours dans l'erreur de subordonner toute littérature au roman? Les romanciers poètes, un Dickens, un Tolstoï, ne sont-ils pas les plus grands? Et n'est-ce pas la poésie seule qui d'un roman peut faire un grand livre? (Le Grix 70).

Bei der Veröffentlichung am 10.02.1931 stellt Bernard Grasset dem Roman ein Vorwort voran, in dem er von Richauds "Nichtauszeichnung" mit dem *Prix du Premier Roman* und der Begründung der Jury ("certaines tendances") berichtet. Er legt dar, dass es sich um das komplette, unveränderte Manuskript handele, das auch beim Wettbewerb eingereicht worden sei:

Ce roman n'a subi aucune retouche de quelque ordre que ce soit, l'auteur préférant le donner avec toutes ses imperfections. Il ne veut pas entendre dire que, approuvant les scrupules moraux des membres du jury, il a remanié son œuvre avant de la donner au public (Grasset zitiert in Ernest-Charles 665).

Er fordert die Leser dazu auf, sich selbst von der moralischen Unbedenklichkeit des Romans zu überzeugen: "Le public sera peut-être surpris de ne trouver dans ce livre rien qui justifie la publicité que, – involontairement sans doute, – les membres du jury lui ont faite." (Grasset zitiert in "Les lettres: Art et morale" 465-466). Im Vorwort wird außerdem ein Ausschnitt aus Francois Le Grix' Artikel über *La douleur*, den er im Juni 1930 in der *Revue hebdomadaire* veröffentlichte, zitiert. In jenem Ausschnitt schreibt François Le Grix unter anderem, er halte *La douleur* für "un vrai, un très beau roman, si le premier don du romancier est de prêter une vérité presque hallucinante à des êtres, à des situations, à des paysages" (Le Grix 70; vgl. "Les livres: André de Richaud: La douleur"). Des Weiteren beteuert er, dass er von der "Unschuld" des jungen Autors überzeugt ist:

> Il me semble aussi qu'il ruisselle d'innocence. Dans une époque où la fausse ingénuité a fait tant de ravages, aussi bien en littérature qu'en musique ou en peinture, quel bonheur de rencontrer un véritable ingénu. La candeur de Richaud est surprenante; je dirais qu'elle est baptismale, si elle n'était plus exactement d'avant le baptême candeur de l'homme qui s'éveille nu d'entre les mains de son créateur. C'est pour cela que les pires audaces, les grandes impudeurs de Richaud me paraissent dépourvues du pouvoir de troubler, de salir (vgl. Jaloux; Le Grix 71; vgl. Marcel 367).

Neben François Le Grix wird auch Joseph Delteil zitiert, der seiner Empörung über die Entscheidung der Jury Ausdruck verleiht:

> Ai-je la berlue? Il ne s'agit pas de la Morale, voyons! j'avais cru que nous étions en quête d'un écrivain… […] Juger une œuvre d'art au point de vue de la morale, c'est faire décider du calcul intégral par un juge de paix (Delteil zitiert in "Les lettres: Art et morale" 465).

In der Tat hält Grasset die Debatte, ob *La douleur* ein skandalöses oder unmoralisches Buch ist, aufrecht, indem er im Vorwort von der Nichtvergabe des Preises berichtet und ihr zwei Stimmen entgegenstellt, die sich für die Qualität und moralische Vertretbarkeit des Romans aussprechen. Grasset wirbt sogar mit dem potentiell skandalösen Charakter des Romans. In einer Werbeanzeige (siehe Abbildung 4), die im Januar 1931, also kurz vor dem Erscheinen des Romans, in *Les nouvelles littéraires, artistiques et scientifiques* abgedruckt wurde, ist Folgendes zu lesen:

> Voici un roman qui a si bien séduit, et à tel point "scandalisé" un jury littéraire, que le Prix du Premier Roman que ce jury lui destinait, et qu'il n'osa lui décerner, en fut supprimé de désespoir. Le public est aujourd'hui appelé de juger par lui-même ("André de Richaud: La douleur" 4).

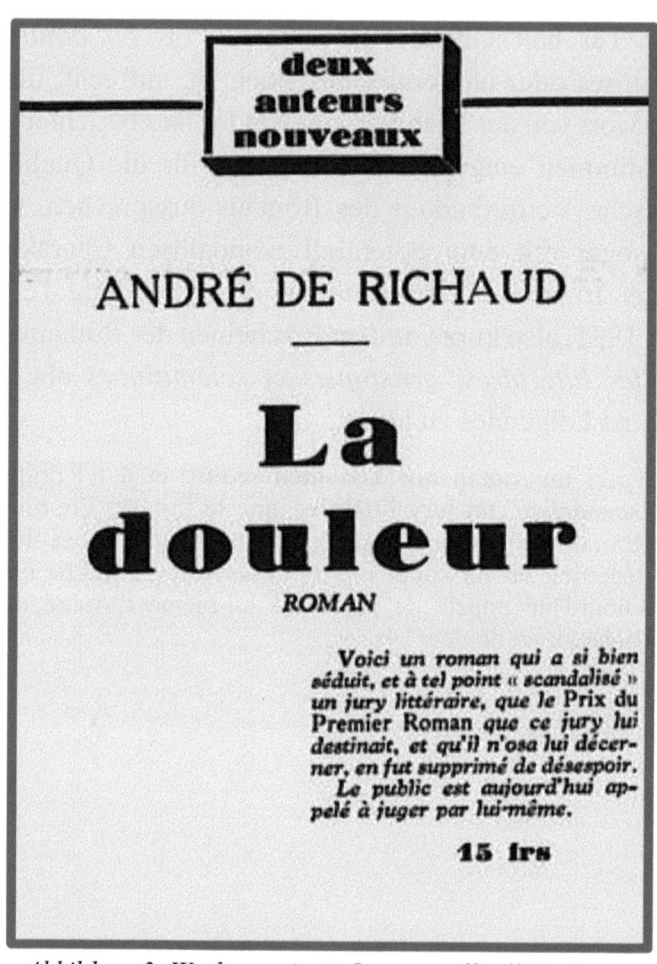

Abbildung 3: Werbeanzeige in Les nouvelles littéraires, artistiques et scientifiques, *31.01.1931, ("André de Richaud: La douleur")*

4.2 Richauds "Tendenzen"

Grassets Aufforderung zur Debatte darüber, ob der Roman *La douleur* nun, wie die Jury behauptet, skandalös oder unmoralisch sei oder nicht, hat 1931 bei der Veröffentlichung des Romans ein lebhaftes Echo. Viele der Journalisten und Literaturkritiker[5], die Rezensionen von *La douleur* verfassen, stellen sich in ihren Artikeln die Frage, was mit den "Tendenzen" gemeint ist, die die Jury im Kommuniqué als Argument gegen die Preisvergabe nennt, aber nicht näher ausführt. Eine mögliche Erklärung, von was für Tendenzen im Kommuniqué die Rede sein könnte, gibt Le Grix: Er erklärt in einem längeren Artikel über Richauds Romanmanuskript, den er im Juni 1930 in der *Revue hebdomadaire* veröffentlicht, von welchen Tendenzen seiner Meinung nach im Kommuniqué die Rede gewesen sei: "L'obsession sensuelle ou cette préoccupation des bas sentiments" (Le Grix 67) – in anderen Worten scheint es sich nach Le Grix' Auffassung um die zentrale Rolle, die die Sexualität im Roman spielt, zu handeln. Die meisten Journalisten und Literaturkritiker hatten aber aller Wahrscheinlichkeit nach nur das Kommuniqué gelesen, von dem auch Teile im Vorwort von *La douleur* abgedruckt waren – und nicht die ergänzenden Erklärungen, die Le Grix in seinem langen Artikel von 1930 gegeben hatte. Aus diesem Grund stellen viele von ihnen selbst Vermutungen an, was die Jury an dem Roman als skandalös empfunden haben könnte. Dabei werden verschiedene Aspekte von Richauds Roman

---

[5] Bei einigen der hier zitierten Rezensionen konnte der Name des Autors/der Autorin nicht ausfindig gemacht werden. Die Artikel, deren Autoren bekannt sind, sind alle von Männern verfasst worden (oder zumindest unter männlichem Namen veröffentlicht worden). Deshalb werde ich hier von Journalisten, Kritikern, Autoren und Rezensenten im Maskulinum sprechen.

genannt. Mehrere Journalisten vermuten, es handele sich in Wirklichkeit um das Verhältnis zwischen einer *französischen* Kriegswitwe und einem *deutschen* Kriegsgefangenen, das der Jury missfallen habe, weil es nicht der gewünschten patriotischen Gesinnung entspreche. Der Journalist Chateauvert der Zeitschrift *Le professionnel*, der die *Revue hebdomadaire* in seinem Artikel als reaktionär bezeichnet, vertritt diese These:

> La première [tendance], à mon avis, c'est que le jeune romancier, faisant fi du patriotisme officiel, a osé supposer qu'un prisonnier allemand, perdu dans une petite ville du Comtat Venaissin, peut devenir l'amant d'une veuve d'officier français. Hypothèse qui a dû faire reculer d'horreur, on le conçoit (Chateauvert).

Auch Marcel Gras vom *Petit Marseillais* hält es für wahrscheinlich, dass dies der Grund ist, weshalb *La douleur* der Preis verwehrt worden sei (vgl. Gras). Des Weiteren schließt sich Noël Sabord, der für *Paris matin* schreibt, dieser Meinung an:

> A parler vrai, cette histoire provençale de Thérèse Delombre, veuve de guerre, et de son fils, ne nous parait point aujourd'hui si méchante. [...] Elle eût certainement trouvé grâce devant [les membres du jury], sans l'instrument horrible de son péché, un prisonnier boche, comme on parle encore dans les milieux patriotes (Sabord).

Eine weitere Vermutung, die von den Journalisten ins Spiel gebracht wird, ist die, dass es die ironische, desillusionierte, pessimistische Haltung des Romans sei, die die Verleihung des Preises verhindert habe. Robert Bourget-

Pailleron gibt beispielsweise diese Hypothese in der Zeitschrift *L'opinion* wieder:

> Il parait que plusieurs membres du jury ont trouvé que M. André de Richaud sacrifiait trop à cette conception pessimiste des choses, à ce dégout appliqué aux sentiments humains qui parait maintenant si souvent chez les jeunes auteurs (Bourget-Pailleron 11).

Auch Chateauvert schließt sich dieser Meinung an:

> La deuxième [tendance], semble-t-il, est très représentative de l'état d'esprit de la jeunesse actuelle. Elle consiste en l'étalage cruel, froid, désabusé, systématique, des êtres humains, uniquement guidés par un matérialisme absolu. Les morales? disparues. Les sentiments? rapetissés comme la peau de chagrin. Les idéaux? nuls. (Chateauvert).

Auch der Journalist Victor Margueritte äußert in seinem Artikel in *La volonté* die Vermutung, dass Richauds Ironie ihn den Preis gekostet haben könnte (vgl. Margueritte).

Der dritte Aspekt, der in verschiedenen Artikeln auftaucht, ist derjenige, den Le Grix bereits in seinem Artikel in der *Revue hebdomadaire* von 1930 nennt: die Sexualität der Figuren. Sowohl die Kritiker, die Richaud für unmoralisch halten, als auch einige derjenigen, die anderer Meinung sind, nehmen Richauds Darstellung der Sexualität der Figuren als (potentiell) schockierend wahr. Das kommt in zwei der besonders entrüsteten Verrisse von *La douleur* (in der *Revue de lectures* und in einem Artikel namens "Les Lettres: Art et morale") zum Ausdruck:

> Ces nuits d'insomnie, ces sommeils exténués de l'aube, ces sentiments troubles, cette atmosphère louche, plus malsaine encore parce que l'auteur y a mêlé l'enfance, sont décrits avec relief. [...]

> Mais ces grossièretés laborieuses, cette promiscuité, dans des circonstances particulièrement abjectes, d'une mère faible et d'un enfant précoce, sont, pour le moins, de ces fautes de goût où l'art sombre. Peut-être eût-il gagné davantage à s'embarrasser de morale ("Les lettres: Art et morale" 466-467).

Mit den "sentiments troubles", die hier erwähnt werden, ist wahrscheinlich (so meine Auslegung) das ambivalente Mutter-Sohn-Verhältnis von Thérèse und ihrem Sohn Georget gemeint: In Thérèses Gedanken vermischt sich ihre mütterliche Liebe für ihren Sohn mit unerfülltem sexuellem Begehren. Die einsame und frustrierte Witwe konzentriert zu Anfang des Romans all ihre Aufmerksamkeit auf Georget, was zur Folge hat, dass sich eine intensive und von Abhängigkeit und Eifersucht geprägte Beziehung zwischen Mutter und Sohn entwickelt (vgl. "Les lettres: Art et morale" 466). In dem Artikel aus der *Revue de lectures* wird wie in dem oben zitierten Artikel die Ansicht vertreten, dass Richauds Roman zutiefst unmoralisch sei. Von schlechter Erziehung, unwürdigem Verhalten gegenüber deutschen Kriegsgefangenen und einer "atmosphère de dégradante bassesse" ist hier die Rede (*Revue de lectures*).

Auch wohlwollende Kritiker halten die Darstellung der Sexualität der Figuren und die ambivalente Mutter-Sohn-Beziehung für den Grund, weshalb die Juroren sich gegen die Preisvergabe an Richaud entschieden hatten. So mutmaßt etwa Claude Denny, Journalist für die Zeitung *Le soir*:

> On cherche ces tendances et on arrive à découvrir qu'il s'agit peut-être de la précocité d'un enfant, des sentiments un peu troubles qu'il éprouve pour sa mère, quoique tout ceci soit noyé dans une saine et fougueuse sensualité qui dénonce la jeunesse de l'auteur (Denny).

Auch ein Artikel aus *L'ami du peuple*, der *La douleur* ebenfalls insgesamt sehr positiv bespricht, erwähnt die ambivalenten Gefühle der Figuren und spricht von einigen gewagten Szenen. Er fügt hinzu, dass dieser Aspekt des Buches viele LeserInnen schockieren könnte (vgl. "Au pays des lettres"):

> Certaines brutalités de langage, l'origine trouble de sentiments, l'audace de quelques scènes déplairont à beaucoup de lecteurs. D'autres, par contre, ne voudront voir dans ce livre qu'un effort vers une naïveté spirituelle et morale ("Au pays des lettres").

Mit den gewagten Szenen sind meines Erachtens Momente im Roman gemeint, die in Verbindung mit der Sexualität der Figuren stehen – beispielsweise die Stelle, an der Thérèse die Statuette eines Bronzeathleten streichelt[6] – diese Szene wird auch in mehreren äußerst empörten Artikeln zitiert (vgl. Jaloux).

Insgesamt entsteht bei der Betrachtung der Pressartikel über *La douleur* der Eindruck, dass mehr als ein Aspekt von *La douleur* von den Rezensenten des Romans als (potentiell) schockierend wahrgenommen wurde: die Tatsache, dass der

---

[6] Es ist hier von folgender passage aus *La douleur* die Rede: "Sur une sellette, dans le salon, il y avait un petit athlète de bronze que le capitaine Delombre avait gagné dans un concours sportif. Un étrange amour se noua entre lui et la femme désespérée. Il était à peine haut de soixante-quinze centimètres et nu. Thérèse Delombre fermait à demi les yeux et caressait les petites épaules. Sous ses mains affolées un coeur minuscule se mettait à battre dans la poitrine dure et noire et la femme sortait du salon, les yeux pleins de larmes et les joues en feu. Elle se jetait alors sur son fils qu'elle étouffait de baisers en lui disant :
- N'est-ce pas que je n'aime que toi ?" (de Richaud, *La douleur* 18).

Roman von der Beziehung einer französischen Kriegswitwe mit dem Feind handelt, die pessimistische Haltung des Romans und die Darstellung der Sexualität der Figuren. Der letztere dieser drei Aspekte scheint den größten Unmut unter den Rezensenten von *La douleur* hervorgerufen zu haben. In einer Vielzahl der Artikel über *La douleur* wird die Darstellung von Thérèse Delombre oder genauer gesagt, von Thérèse Delombres Sexualität, als Kritikpunkt genannt. Diese Kritik an Richauds Roman soll nun genauer untersucht werden.

4.3   Eine Frage der *vraisemblance*?

Die Figur Thérèse Delombre wird in André de Richauds Roman als Frau mit starker Libido beschrieben. Auch Georgets Entwicklung von Sinnlichkeit spielt eine wichtige Rolle im Roman. Die Textstellen, in denen von Thérèses Begehren, ihren Fantasien und ihrer ambivalenten von Eifersucht geprägten Beziehung zu ihrem Sohn die Rede ist, werden von vielen Kritikern scharf kritisiert. Vier verschiedene Artikel beschreiben diese Stellen in *La douleur* als "pénible" (Descaves; Jaloux 130; "La vie en France: Les livres du mois" 130; R.D. 43). Des Weiteren tauchen andere semantisch ähnliche Wörter, wie "désobligeant" auch in anderen Artikeln mit Bezug auf die Beschreibungen von Thérèses Begehren auf ("Nos amis les livres: La douleur et la mort"). Es scheint folglich ein Konsens unter den betreffenden Journalisten zu sein, dass sie diese Textstellen als (ver)störend, unangenehm oder auf irgendeine Weise inakzeptabel empfinden. Andererseits scheinen sie auch eine gewisse

Faszination auszuüben. Trotz ihres negativen Urteils beschreiben einige der Rezensenten mehrere jener Textstellen detailliert in ihren Artikeln oder zitieren sogar wörtlich längere Abschnitte (vgl. Descaves 4; vgl. Jaloux; vgl. "Les livres et les idées"). Edmond Jaloux zitiert beispielsweise eine ganze Seite des Romans.

Interessanterweise begründet ein Großteil der Zeitungsartikel ihr negatives Urteil über diese Textstellen nicht mit dem unmoralischen Charakter von Thérèses Sexualität, sondern damit, dass ihnen deren Darstellung "invraisamblable" (unwahrscheinlich) erscheint. So beispielsweise der Artikel "Les livres et les idées":

> Il y a bien de la naïveté et de l'invraisemblance dans les aspirations de Thérèse Delombre [sa passion pour l'athlète de bronze et son envie de partager la couche d'une des femmes du village], qui est une femme de trente-cinq ans, ayant l'expérience de l'amour![...] Que y a-t-il de maternel dans de tels sentiments? ("Les livres et les idées").

Auch Edouard Jaloux schließt sich in seinem Artikel in den *Nouvelles littéraires* dieser Meinung an. Er führt ebenfalls an, Thérèses Begehren sei unwahrscheinlich und besteht darauf, seine Kritik sei nicht moralischer Natur:

> M. André de Richaud prête à cette veuve de trente-cinq ans et qui a connu l'amour physique les malaises et les imaginations d'un garçon de la quinzième année. Il la rend puérile en même temps qu'il la virilise.
>
> [...]
>
> Je ne crois pas me tromper beaucoup en disant que tout cela sonne singulièrement faux et qu'il n'y a rien ici qui rappelle les réflexions d'une mère dans la circonstance donnée.

[...]

Il faut bien avouer que cette idylle maternelle a quelque chose d'un peu répugnant. Et je ne voudrais pas être condamné, moi aussi, sur mes 'tendances morales', comme les membres du jury qui ont refusé de consacrer M. André de Richaud. Ce qui choque, je le répète, dans la première partie de *La douleur*, c'est que rien n'y sonne juste (Jaloux).

Auch ein Artikel im Mercure de France behauptet, dass Richauds Darstellung von Thérèses Psyche "falsch" und "unrealistisch" und aus diesem Grund gefährlich sei:

Son roman qui narre l'histoire d'une veuve de guerre, à ce point tourmentée par l'amour ou plutôt par le désir qu'elle finit par se donner à un prisonnier allemand, n'est point innocemment sexuel. Il l'est perversement et faussement, en ce sens qu'il nous induit en erreur sur la qualité de la personne. Une femme ne sent pas comme son héroïne. M. de Richaud est encore assez près de son âge ingrat pour s'en rappeler les troubles, et il a attribué des désirs virils à celle-ci (Charpentier 654).

Die drei zitierten Rezensionen[7] haben gemeinsam, dass sie affirmieren, die Darstellung von Thérèses Begehren sei unwahrscheinlich, und dass sie diesen behaupteten Mangel an *vraisemblance* negativ beurteilen. Genauer gesagt erscheint Thérèses Begehren, laut diesen Artikeln, nicht wie das einer 35-jährigen Frau, sondern wie das eines Mannes bzw. eines

---

[7] Neben diesen drei zitierten Artikeln werden der Mangel an vraisemblance im Zusammenhang mit Thérèses Psychologie auch noch in vier weiteren Artikeln als Kritikpunkt an *La douleur* genannt (vgl. Descaves; vgl. Truc; vgl. "Nos amis les livres"; vgl. "André de Richaud: La douleur. Grasset").

Jugendlichen. In den Artikeln kommt eine Norm der Sexualität zum Ausdruck: starker Sexualtrieb, Häufigkeit sexueller Fantasien, sexuelles Begehren für viele verschiedene Personen und sexuelles Begehren für Frauen (in Thérèses Fall für Männer und Frauen) werden als normal (und wahrscheinlich) für männliche Jugendliche, hingegen als nicht normal (und somit unwahrscheinlich) für eine 35-jährige Frau wahrgenommen. In der Tat scheint das Störende an der Darstellung von Thérèses Sexualität zu sein, dass sie nicht den Normen weiblicher Sexualität einer erwachsenen Frau entspricht. Nicht nur eine 35-jährige Frau mit ausgeprägtem Sexualtrieb scheint den Vorstellungen der Journalisten von weiblicher Sexualität zu widersprechen, sondern vor allem der Umstand, dass es sich bei dieser Figur um eine Mutter handelt. Das ist an folgenden Ausschnitten der Kritiken deutlich zu erkennen:

> Rien ici qui rappelle les réflexions d'une mère dans la circonstance donnée [...]. Il faut bien avouer que cette idylle maternelle a quelque chose d'un peu répugnant (Jaloux).

> Que y a-t-il de maternel dans de tels sentiments?("Les livres et les idées").

In der Tat erwecken die Artikel den Eindruck, dass eine Sexualität wie die der Figur Thérèse und Mutterschaft einfach nicht zusammenpassen bzw. dass die Vorstellung einer Mutter mit einer solchen Sexualität die Rezensenten regelrecht anwidert. Das Frauenbild der soeben zitierten Journalisten ist ein sehr binäres. Die Kategorie "Mutter" und die Kategorie "Frau mit einem starkem sexuellen Begehren" scheinen von ihnen als unvereinbare Gegensätze wahrgenommen zu werden

101

(Madonna vs. Hure), weshalb die Figur Thérèse, die in beide dieser Kategorien passt, als irritierend oder unglaubwürdig betrachtet wird.

Die Zeitungsartikel über *La douleur* sind Teil einer historischen Diskursformation über Sexualität (und über den Roman *La douleur*). Michel Foucault versteht unter Diskursen Formationen von Aussagen zu einem bestimmten Gebiet zu einem bestimmten Zeitpunkt – sie produzieren "Wahrheiten, die sich innerhalb von Denksystemen in der Geschichte formieren" (Ruoff 100). In Foucaults Worten sind Diskurse "des pratiques qui forment systématiquement les objects dont ils parlent" (Foucault, *L'archéologie du savoir* 67). Der Diskurs über Sexualität erschafft Wissen, Normen und somit eine "Wahrheit":

> L'important [...] c'est d'abord qu'on ait construit autour du sexe et à propos de lui un immense appareil à produire [...]la vérité. L'important c'est que le sexe n'ait pas été seulement affaire de sensation et de plaisirs, de loi ou d'interdiction, mais aussi de vrai et de faux, que la vérité du sexe soit devenue chose essentielle, utile ou dangereuse, précieuse ou redoutable, bref que le sexe ait été constitué comme enjeu de vérité (Foucault *Histoire de la sexualité* 75-76).

Die hier betrachteten Rezensionen illustrieren Foucaults These: Die Darstellung des Begehrens der Figur Thérèse Delombre im Roman *La douleur* entspricht offensichtlich nicht dem "Wissen" einiger Rezensenten über "normale" weibliche Sexualität – sie wird somit als unwahrscheinlich oder sogar unwahr oder falsch betrachtet. In diesen Artikeln offenbart sich aber nicht nur eine dem Urteil der Kritiker zugrundeliegende sexuelle Norm, sondern auch eine literarische Norm. Die hier angewandten literarischen Maßstäbe sind an die von Aristoteles angelehnt: Literatur wird als Mimesis verstanden – sie soll idealerweise das Mögliche und Wahrscheinliche darstellen und so eine wahrscheinliche Nachahmung der Wirklichkeit schaffen (vgl. Aristoteles 65)[8]. Weil die literarische Repräsentation von Thérèse Delombres Sexualität nicht dem entspricht, was die Kritiker als Norm weiblicher Sexualität betrachten, kann sie auch der ästhetischen Norm dieser Kritiker, der *vraisemblance*, nicht gerecht werden. Bei genauer Analyse dieser kritischen Artikel stellt sich heraus, dass das scheinbar rein ästhetisch fundierte Urteil der Journalisten auf sozialen Normen und ihrer Vorstellung von Geschlechterrollen fußt und dass die Nichtkonformität mit diesen Normen (dieser "Wahrheit") auch der Grund ist, weshalb einige Passagen über Thérèses sexuelles Begehren von den Journalisten als besonders schockierend oder irritierend wahrgenommen wurden. Die häufig geübte Kritik, *La douleur* sei unwahrscheinlich, beruht folglich, laut meiner Analyse der Presseartikel über Richauds Roman, auf seiner Abweichung von den sexuellen Normen und von den normativen binären Geschlechterrollen.

---

[8]Le rôle du poète est de dire non pas ce qui a eu lieu réellement, mais ce qui pourrait avoir lieu dans l'ordre du vraisemblable ou du nécessaire [...] (Aristoteles 65).

5. *La douleur*: stilistische Charakterisierung und Lektüre

"Ce que j'écris se met toujours entre moi et le monde. Je ne vois
dans l'univers étroit, et infini pourtant, qui m'entoure, que
symboles, images, et métaphores."
André de Richaud, *La nuit aveuglante* (128)

"Dès ce premier livre, Richaud a fixé les contours de son
univers romanesque [...], et il a atteint d'emblée la maturité de
son talent" (Rousseau zitiert in de Richaud et al. 228) schreibt
François-Olivier Rousseau 1984 im *Magazine littéraire* über
La douleur. Aus diesem Grund ist *La douleur* die Hälfte dieser
Arbeit gewidmet. *La douleur* ist derjenige von Richauds
Romanen, der bei seinem Erscheinen am meisten Aufsehen
erregte und auch derjenige, über den am meisten Artikel in der
Presse erschienen. Aber das ist nicht alles. *La douleur* hat
dadurch, dass die Handlung während des Kriegs stattfindet,
eine politische Dimension, die weit über das provenzalische
Dorf, in dem der Roman spielt, hinausreicht – das verleiht
diesem Roman im Vergleich zu den anderen oft stark regional
verwurzelten narrativen Texten eine größere Universalität und
Öffnung. Zudem vereint *La douleur* viele wesentlichen
Merkmale von Richauds Werk auf besonders gekonnte Art
und Weise, kondensiert in einem kurzen und prägnanten
Roman. Die wichtigsten thematischen Topoi von Richauds
Romanen sind in *La douleur* versammelt: die provenzalische
Landschaft und Gesellschaft, der Außenseiterstatus der
Protagonisten, komplizierte Familienverhältnisse und der
Hang zum Unheimlichen. *La douleur* vereint auch viele von
Richauds stilistischen Charakteristika: Ironie, gelegentliche

lyrische Aufwallungen, multiple Fokalisierung, verschiedene Arten der Redewiedergabe, Kommentar der Erzählerstimme, satirische Elemente und Intertextualität. In diesem Kapitel werde ich versuchen, eine Charakterisierung des Stils von *La douleur* sowie eine Interpretation einiger wichtiger stilistischer Elemente vorzunehmen. Die hier betrachteten stilistischen Elemente sollen exemplarisch die Besonderheiten von Richauds Stil aufzeigen.

5.1 Redewiedergabe

In diesem Abschnitt wird die Redewiedergabe in *La douleur* ausführlich diskutiert werden. Hierbei werden die von Gerard Genette entwickelten Kategorien Distanz und Fokalisierung, zwei Unterkategorien des literarischen Modus, im Vordergrund stehen. Bei Genette beziehen sich Nähe/Distanz auf die erzählerische Vermittlungstätigkeit: Ein Maximum an erzählerischer Vermittlungstätigkeit (*récit d'évènements*, darstellendes Erzählen) erzeugt den Eindruck einer maximalen Distanz zwischen Leser und erzählter Geschichte (vgl. Genette, *Figures* 184). Umgekehrt erzielt wenig erzählerische Vermittlungstätigkeit (*récit de paroles*, nachahmendes Erzählen) einen Eindruck von Nähe und Unmittelbarkeit (vgl. Genette, *Figures* 184). Genette ordnet dem Kriterium Nähe/Distanz auch verschiedene Formen der Redewiedergabe zu (vgl. Genette, *Figures* 191): narrativierte Rede (*discours narrativisé*) (Genette, *Figures* 191), indirekte Rede (*discours transposé au style indirect*) (Genette, *Figures* 191), erlebte Rede (*style indirect libre*) (Genette, *Figures* 192), direkte

Rede (*discours rapporté*)[9] (Genette, *Figures* 191). Hierbei steht die narrativierte Rede – d.h. die Erzählerstimme fasst das Gespräch oder die Gedanken der Figuren zusammen – am einen Ende der Nähe-Distanz-Skala (maximale Distanz) (vgl. Genette, *Figures* 191) und die direkte Rede am anderen (minimale Distanz) (vgl. Genette, *Figures* 192). Bei narrativierter Rede und indirekter Rede dominiert die Erzählerrede, während bei erlebter und direkter Rede die Figurenrede im Vordergrund steht. Auch was die Analyse der Fokalisierung betrifft, werde ich hier die von Genette eingeführten Kategorien verwenden: Null-Fokalisierung, interne und externe Fokalisierung (vgl. Genette, *Figures* 206-207). Die Kategorien Distanz und Fokalisierung stehen in gegenseitiger Beziehung zueinander, denn wenn die Distanz und die Präsenz eines vermittelnden Erzählers groß sind, so liegt in der Regel keine eingeschränkte Fokalisierung vor und umgekehrt sind weniger Spuren des Erzählers ein Indiz für die Einschränkung der Perspektive (vgl. Klinkert 135). Genettes analytische Kategorien sind bei der Betrachtung der Redewiedergabe in *La douleur* ein hilfreiches Werkzeug, weil sie es erlauben Richauds abwechselnde Verwendung vieler verschiedener Arten der Redewiedergabe und sein Spiel mit Nähe und Distanz zu zeigen. Die detaillierte Betrachtung Richauds literarischer Mittel dient mir als Grundlage, um Interpretationsansätze für den Roman zu entwickeln. Es

---

[9] Genette erwähnt außerdem den inneren Monolog (*discours immédiat*) als Form der Redewiedergabe mit der geringsten Distanz (Erzählerrede koinzidiert vollkommen mit Figurenrede) – jedoch kommen in *La douleur* keine inneren Monologe dieser Art vor (*Figures* 198).

erscheint mir sinnvoll, mit einer allgemeinen Beschreibung der Fokalisierung in *La douleur* zu beginnen, um dann anschließend auf die Besonderheit der Redewiedergabe im Roman einzugehen.

In André de Richauds erstem Roman alternieren Null-Fokalisierung und interne Fokalisierung. In der Tat könnte man die Fokalisierung von *La douleur* mit den gleichen Worten beschreiben, die Genette verwendet, um die Erzählperspektive von *Madame Bovary* zu charakterisieren: Es handelt sich um eine "focalisation variable d'omnicience avec restrictions de champs partielles" (Genette, *Figures* 211). Wie in Flauberts Roman liegt in *La douleur* weitgehend eine Null-Fokalisierung vor, d.h. es gibt eine extradiegetische Erzählerstimme, die mehr sagt, als die einzelnen Figuren wissen. Diese Perspektive wird jedoch immer wieder punktuell eingegrenzt – in diesen intradiegetischen Abschnitten im Text ist das, was der Erzähler sagt, an die Wahrnehmungsperspektive einer der Figuren gebunden. Wie in *Madame Bovary* gibt es in *La douleur* verschiedene Figuren, die als Wahrnehmungsfokus fungieren: Otto, Madame Gardet, die Dorfbewohner und vor allem die beiden Protagonisten Thérèse und Georget. Die variierende Fokalisierung spiegelt sich auch in den verschiedenen Arten der Redewiedergabe wider. In den Abschnitten mit interner Fokalisierung ist häufig erlebte Rede oder die Wiedergabe von Gedanken mit direkter Rede zu finden, während Abschnitte mit Null-Fokalisierung häufig narrativierte Rede (Zusammenfassung der Figurenrede durch die Erzählerstimme) enthalten.

Eine von Richauds stilistischen Eigenheiten ist die Wiedergabe von Fragmenten direkter Rede durch die Erzählerstimme. Diese Fragmente werden durch kursive Schriftauszeichnung als Figurenrede markiert und im Schriftbild von der Erzählerrede abgegrenzt, wie zum Beispiel in folgender Passage:

> Mme Gardet commençait par consoler son hôtesse de la mort du capitaine et commentait l'idée générale suivante qu'elle avait eu le lendemain même de la mobilisation: les parents des morts doivent avoir confiance jusqu'au bout. Beaucoup de ceux qu'on croit mort ne sont pas morts. Les circonstances seules les empêchent de donner des signes de vie *à ceux qui leur sont chers* (de Richaud, *La douleur* 23) [Hrvh. A.d.R.].

Der gesamte Anfang des Zitats bis "*à ceux qui leur sont chers*" fällt unter die Kategorie der narrativierten Rede: Die Erzählerstimme fasst die Rede von Madame Gardet verallgemeinert zusammen ("consoler") und gibt dann stichpunktartig drei von ihr erwähnte Ideen wieder. Es handelt sich bei "les parents des morts doivent avoir confiance jusqu'au bout. Beaucoup de ceux qu'on croit mort ne sont pas morts. Les circonstances seules les empêchent de donner des signes de vie" meiner Lektüre zu Folge nicht um direkte Rede, da in *La douleur* vollständige Sätze direkter Rede sonst immer durch lange Gedankenstriche gekennzeichnet werden. "*À ceux qui leur sont chers*" wird durch die kursive Schriftauszeichnung vom Rest des Satzes abgegrenzt – zudem unterscheidet sich die Sprache deutlich vom sonstigen Duktus der Erzählerstimme. Diese Abgrenzung legt den Schluss nahe, dass es sich hier exakt um Madame Gardets Worte handelt, die kursiv als Zitat in die Rede der Erzählerstimme eingebettet werden. Eine mögliche Lesart besteht darin, diese Abgrenzung als eine Distanzierung der Erzählerstimme von den Worten Madame Gardets zu betrachten, als einen Spott über Madame Gardets preziöse und floskelhafte Ausdrucksweise. Ein weiterer Aspekt in diesem Abschnitt, der für diese spöttische Distanzierung spricht, ist die Wiedergabe der von Madame Gardets Idee über die Kriegsereignisse. Die Lageeinschätzung, die Madame Gardet durch den Kopf geht, besteht im Wesentlichen aus Gemeinplätzen und Durchhalteparolen. Die lakonische Aufzählung dieser Gedankengänge durch die Erzählerstimme verstärkt den Eindruck einer spöttischen Distanzierung. Folgt man der Lektüre, dass das Einbetten von kursiv gedruckten Worten in die Erzählerrede direkte Rede der Figuren darstellen soll, so kann man dies als Stilmittel begreifen, das es erlaubt, die Rede der Figuren wiederzugeben und zugleich eine Distanzierung des Erzählers von dieser Rede auszudrücken. Der Erzähler spricht also *mit* den Figuren und zugleich *über* sie.

In *La douleur* ist dieses Verfahren noch an weiteren Stellen zu finden. Ein zweites Beispiel ist folgende Passage über Thérèse Delombres Begehren:

> Lorsqu'elle voyait un homme, elle ne pouvait s'empêcher d'imaginer son sexe. Elle ne pensait qu'à l'amour, qu'aux gestes de l'amour, qu'aux douleurs de la passion. Elle *aimait* éperdument (de Richaud, *La douleur* 32) [Hrvh. A. d. R.].

Auch hier kann die kursive Textausrichtung als Hinweis gelesen werden, dass die Sprache einer anderen Figur in der Rede des Erzählers zitiert und gleichzeitig, durch die Absetzung vom Rest des Texts, in kritische Distanz gesetzt

110

wird: "*Aimait*" kann Thérèses Ausdrucksweise zugeordnet werden, denn Thérèse führt im Laufe des Romans verschiedene Gefühle und Begehren auf Liebe zurück (Der Erzähler erklärt dieses Verhalten folgendermaßen: "comme toutes les amoureuses qui éprouvent un sentiment un peu différent de l'amour pur, elle ramenait tout à l'amour" (de Richaud, *La douleur* 134)). In der Tat ist "aimer" hier ein Euphemismus, denn die "gestes de l'amour" und die Geschlechtsteile, die Thérèse in Gedanken sieht, haben weniger mit der affektiven Bindung zu einer anderen Person als mit sexuellem Begehren zu tun. Das Kursivsetzen des Verbs "aimer" kann hier als kritische oder spöttische Distanzierung der Erzählerstimme von Thérèses euphemistischer Selbsttäuschung bzw. Selbstzensur ausgelegt werden.

Auch an vielen anderen Stellen in *La douleur* spielt Richaud mit verschiedenen Arten der Redewiedergabe. Dadurch und durch die Verwendung verschiedener Fokalisierungen oszilliert die Narration zwischen Nähe und Distanz. Im Folgenden erkläre ich anhand von drei Beispielen, wie dieses Oszillieren konkret funktioniert.

Das erste Beispiel stammt aus dem Kapitel 23, in dem Thérèse erfährt, dass das ganze Dorf von ihrem Verhältnis mit Otto weiß und sie deshalb verachtet:

> Thérèse était un peu myope, mais elle distinguait, sur le mur gris de la maison, dans l'espace que laissaient les branches de houblon, des traces noires. Georget apercevait des lettres, de grandes lettres d'un pan de haut. Beaucoup de personnes qui suivaient l'enterrement voyaient aussi quelque chose d'écrit sur le mur, mais, comme le mur était parallèle au convoi

> et, par conséquent, aux regards, il était très difficile de
> lire. Thérèse défaillait de crainte. Georget sentait une
> main froide qui le serrait·à la nuque, Mme Gardet
> buvait comme du lait une joie légère, mousseuse,
> fraîche. Une joie inexplicable.
>
> Avec quelle lenteur se déplaçait le cortège! On aurait
> dit qu'il fallait une heure pour qu'il avançât d'un mètre.
> Les porteurs s'arrêtèrent; d'autres prirent leur place.
> Thérèse aurait voulu courir, prendre les devants pour
> aller lire ce qu'on avait bien pu écrire sur son mur. Ses
> jambes étaient rivées au sol et ses pas retenus, ralentis
> par la boue du chemin. Les lettres noires grandissaient
> à mesure qu'on s'approchait d'elles (de Richaud, *La
> douleur* 146).

Bei den Sätzen "Avec quelle lenteur se déplaçait le cortège!
On aurait dit qu'il fallait une heure pour qu'il avançât d'un
mètre" handelt es sich um erlebte Rede. Die Ausrufezeichen
legen den Schluss nahe, dass sie Thérèse Delombres
Wahrnehmung zum Ausdruck bringen: Ängstlich und
ungeduldig wartet sie darauf, die auf ihrem Haus angebrachte
Schrift, die sie von weitem sieht, lesen zu können. Des
Weiteren wird den Gefühlen und Sinneseindrücken der
Figuren in dieser Passage ein großer Raum gewidmet:
Thérèses Angst ("Thérèse défaillait de crainte"), das kalte
Gefühl an Georgets Nacken ("Georget sentait une main froide
qui le serrait·à la nuque"), Madame Gardets Schadenfreude
("Mme Gardet buvait comme du lait une joie légère [...]") und
der Blickwinkel der Figuren auf die Schrift ("Thérèse [...]
distinguait [...]", "Georget appercévait [...]") können der
Wahrnehmung der jeweiligen Figuren zugeordnet werden. In
dieser Szene, in der Thérèse entdeckt, wie die
Dorfgemeinschaft sie wahrnimmt, gewährt der Erzähler

schlaglichtartig und im abrupten Wechsel auch einen Einblick in die Gedanken und Perspektiven der beteiligten Figuren. Was Thérèse auf Handlungsebene widerfährt, wird gewissermaßen auch im erzählerischen Modus nachvollzogen. Es handelt sich in diesem Abschnitt weitgehend um wechselnde interne Fokalisierung, d.h. es fungieren hier verschiedene Figuren als Wahrnehmungsfokus. Interne Fokalisierung und erlebte Rede sind, laut Genette, Mittel die Nähe zwischen der erzählten Geschichte und den LeserInnen zu erzeugen – außerdem machen sie die Gefühle und Gedanken der Figuren sichtbar.

Allerdings finden sich in diesem Kapitel auch zahlreiche Momente, in denen die literarisch erzeugte Nähe konterkariert wird. Dies lässt sich am zweiten Beispiel beobachten, einer Passage aus dem selben Kapitel:

> Thérèse Delombre se demandait pourquoi Mme Gardet qui marchait à côté d'elle affectait de ne pas la voir, et toutes les autres femmes aussi.
>
> – Elles ont dû savoir quelque chose, se disait-elle, mais comment?
>
> A la pensée que ses relations avec l'Allemand pouvaient être connues dans le village, elle rougissait et sentait la honte lui monter au cœur, mais tout de suite l'orgueil de la femme qui croit avoir été aimée lui faisait lever la tête.
>
> – Bah! disait-elle, si elles ne veulent plus me parler, qu'elles restent! Je n'ai pas besoin de leur amitié pour vivre. La guerre finira sans que la mère Gardet ait pu caser ses laides filles, et elles seront bien contentes toutes les trois, de revenir chez moi, prendre le thé, se donner l'illusion du *monde*. Quoiqu'elles en disent, je suis bien au-dessus d'elles par ma position et elles sont

flattées de venir me voir. Mais puisqu'elles font comme ça maintenant, on verra si je les aurai plus tard, quand elles auront besoin de moi…

Pendant que Thérèse Delombre se perdait dans ces plates réflexions, le cortège funèbre avançait (de Richaud, *La douleur* 144) [Hrvh. A. d. R.].

In dieser Passage gibt es laut meiner Lektüre drei verschiedene Arten der Redewiedergabe: Zuerst wird Figurenrede (bzw. Gedanken der Figuren) in indirekter Rede wiedergegeben ("Thérèse Delombre se demandait pourquoi Mme Gardet qui marchait à côté d'elle affectait de ne pas la voir […]") dann in direkter Rede ("Elles ont dû savoir quelque chose, se disait-elle, mais comment?" und "Bah! " bis "besoin de moi…") und schließlich in narrativierter Rede: "À la pensée" bis "lever la tête" und "Pendant que Thérèse Delombre se perdait dans ces plates réflexions, le cortège funèbre avançait". Die Figurenrede (Thérèses Gedanken) nimmt hier viel Raum ein. Der Abschnitt ist intern fokalisiert und dadurch entsteht eine gewisse Nähe zu der Figur. Diese Nähe wird jedoch sogleich wieder untergraben mit dem Satz: "Pendant que Thérèse Delombre se perdait dans ces plates réflexions […]". Dieser Satz kann als ein kurzer Abschnitt in Null-Fokalisierung identifiziert werden. Durch den wertenden Kommentar der Erzählerstimme wird die Aufmerksamkeit auf die erzählerische Vermittlungstätigkeit gelenkt und so entsteht Distanz. Des Weiteren werden durch die negativ-wertende Aussage der Erzählerstimme Thérèses Überlegungen als trivial und geistlos bezeichnet – eine Distanzierung der Erzählerstimme von Thérèses Innenleben.

Das dritte Beispiel für Richauds Wechselspiel von Nähe und Distanz durch verschiedene Fokalisierungen und Formen der Redewiedergabe ist folgende Textstelle, in der Georget einen Brief seines im Krieg gefallenen Vaters auf dem Dachboden findet:

> Des cartes postales de l'Argonne, de Verdun... d'un pays pluvieux et bouleversé. Déjà des lettres de son père étaient au grenier! Il en ouvrit une. Elle était datée du 2 août 1914. Elle disait:
>
> "Mon épouse adorée,
>
> "Je t'écris à la hâte pour te dire la nouvelle. C'est la guerre. Nous partons ce soir. Ne t'effraye pas outre mesure de cela, car je pense bien que tout le monde fera son devoir et il faut que les femmes commencent puisqu'elles ont le plus facile à faire. [...] Mais, ma chère amie aimée, crois bien que ton mari fera son devoir et que s'il était sûr que tous les hommes en feront autant, il serait tranquille. [...] Je sais que tu resteras toujours ma Thérèse, comme je resterai toujours ton mari. Je veux que tu fasses un homme de notre petit Georges. S'ils m'ont, parle-lui souvent de son père. Pense à moi. [...] Sois toujours digne de moi comme je veux le rester de toi. Je sais que jamais tu n'oublieras les années que nous avons passées ensemble. Je reviendrai, ma chère Thérèse. Que Georget soit fier de son père quand il sera un homme. Je vous serre tous les deux sur mon cœur. – Antoine Delombre."
>
> Cette lettre maladroite et pathétique, Georget la relut plusieurs fois (de Richaud, *La douleur* 115-116).

Die ersten zwei Sätze, "Des cartes postales de l'Argonne, de Verdun... d'un pays pluvieux et bouleversé. Déjà des lettres de son père étaient au grenier!" können als erlebte Rede Georgets ausgelegt werden. Das Ausrufezeichen, Zeichen affektischer Rede, und die Auslassungspunkte, die als Pause im

Gedankengang und als Markierung eines Gedankensprungs gelesen werden können, deuten auf eine interne Fokalisierung hin (Georgets Wahrnehmungsperspektive). Georget, so scheint es, macht seiner Mutter Vorwürfe, weil sie die Briefe seines Vaters bereits wenige Monate nach dessen Tod auf dem Dachboden verstaut hat – ein Hinweis darauf, dass Thérèse in seinen Augen nicht genug um ihren als Kriegsheld gefallenen Mann trauert – diese Interpretation beruht auf dem betonten "déjà" am Satzanfang sowie auf dem Ausrufezeichen. Der Erzähler des Briefs ist Antoine Delombre: Er schreibt in der ersten Person an Thérèse, seine Frau. Antoine Delombres Brief ist patriotisch und voller Elemente, die typisch für die Kriegsrhetorik des ersten Weltkriegs sind: beispielsweise die heldenhafte Darstellung des Soldaten oder die Forderung an die Frauen, die Erinnerung an die Kriegshelden aufrecht zu erhalten (vgl. Pascal und Donin; vgl. Petit 62-64). Die Schreibweise von Capitaine Delombre wird jedoch gleich darauf in gewissem Maße abgewertet, da ein Kommentar der Erzählerstimme in dem auf den Brief folgenden Satz verkündet, der Brief sei unbeholfen. Es handelt sich bei diesem Satz um eine Rückkehr in die Erzählung in der dritten Person und (nach meiner Lesart) um einen Wechsel von der internen Fokalisierung in die Null-Fokalisierung. Des Weiteren werden Antoine Delombres Patriotismus und Liebesbekundungen für seine Frau dadurch unterminiert, dass er in den vorhergehenden Kapiteln als Schürzenjäger und Trunkenbold präsentiert wird (vgl. de Richaud, *La douleur* 21, 34). Sein eigenes Verhalten kann somit seinen Forderungen an Thérèse nicht standhalten: Ob er, der Alkoholiker und untreue Ehemann, sich selbst seiner Ehepartnerin würdig erweist, wie

116

er dies von ihr fordert, ist zweifelhaft. Die Figur des Capitaine Delombre, und somit auch seine in dem Brief geäußerte patriotische Rede, wird somit in gewissem Maße diskreditiert. Der Wechsel in der Fokalisierung erlaubt hier einen Blick auf die Rolle des Capitaine Delombre aus verschiedenen Perspektiven: Erstens, die naive Perspektive Georgets, der vermutlich von dem pathetischen Brief seines verstorbenen Vaters berührt ist (er liest ihn mehrere Male); zweitens, die patriotische Perspektive des Capitaine Delombre, der sich selbst als würdigen Kriegshelden präsentiert und seine Frau auffordert, ihre patriotische Pflicht zu tun, und drittens, die Perspektive der Erzählerstimme, die die patriotische Rhetorik unterhöhlt und Antoine Delombres Doppelmoral entlarvt. Die negative und spöttische Darstellung des Capitaine Delombre kann in gewisser Weise auch als Rechtfertigung oder Erklärung für Thérèses Verhalten – für die Tatsache, dass sie nicht sonderlich um ihren gefallenen Mann trauert – gelesen werden.

Anhand dieser drei Beispiele wurde verdeutlicht, wie durch den Wechsel zwischen den Fokalisierungen und den Gebrauch von verschiedenen Formen der Redewiedergabe in *La douleur* ein Schwanken zwischen Nähe und Distanz entsteht. Einerseits werden Rede, Gedanken und Gefühle der Figuren unmittelbar sichtbar und so entsteht Nähe. Die variierende Fokalisierung lässt verschiedene Stimmen und Perspektiven mit in den Roman einfließen – der moralische Konflikt in dem sich Thérèse befindet, zwischen ihrem anstößigen Verlangen und den gesellschaftlichen Erwartungen an die Witwe eines Kriegshelden, werden so in der narrativen Gestaltung widergespiegelt. Die Rede und Perspektive der verschiedenen Figuren werden andererseits aber auch häufig durch distanzschaffende literarische Mittel wie Erzählerkommentare oder Absetzung im Schriftbild kritisch hinterfragt und relativiert. So entsteht einerseits Nähe zu den Figuren, andererseits wird ihr Blick auf die Geschehnisse aber kritisch hinterfragt und ihre Charakterschwächen und Doppelmoral werden entlarvt – dies ermöglicht eine vielschichtige Darstellung von Thérèses und Georgets Geschichte.

5.2   Intertextualität

Der Begriff Intertextualität bezeichnet die Praxis der Bezugnahme von Texten auf andere Texte (vgl. "Intertextualität"). Gerard Genette versucht 1982 in *Palimpsestes: La littérature au second degré* die verschiedenen Arten der Bezüge von Texten auf andere Texte zu systematisieren. Genette nennt die Gesamtheit intertextueller Relationen "Transtextualität" und entwickelt verschiedene Untergruppen der möglichen Beziehungen zwischen Texten (vgl. Genette, *Palimpsestes* 7): Paratextualität (vgl. Genette, *Palimpsestes* 9), Metatextualität (vgl. Genette, *Palimpsestes* 10), Hypertextualität (vgl. Genette, *Palimpsestes* 11), Architextualität (vgl. Genette, *Palimpsestes* 7) und Intertextualität. Genette gebraucht den Begriff Intertextualität für die

> présence effective d'un texte dans un autre. Sous la forme la plus explicite et la plus littérale, c'est la pratique traditionnelle de la *citation* (avec guillemets, avec ou sans référence précise, sous une forme moins

explicite et moins canonique, celle du *plagiat* […];
sous forme encore moins explicite et moins littérale,
l'*allusion*, c'est-à-dire d'un énoncé dont la pleine
intelligence suppose la perception d'un rapport entre lui
et un autre auquel renvoie nécessairement telle ou telle
de ses inflexions […] [Hrvh. G.G.] (Genette,
Palimpsestes 8).

Hier soll der Intertextualitätsbegriff im engeren Genett'schen
Sinne für Zitate, Anspielungen und Bezugnahmen auf andere
Texte (Liedtexte und die Bibel) verwendet werden. Der hier
gebrauchte Textbegriff ist ein breiter – er schließt andere
kulturelle, nicht verschriftete Phänomene, wie Bilder,
Skulpturen und Musikstücke mit ein (vgl. Posner 51, 52)[10]. *La
douleur* ist gespickt mit Zitaten und Verweisen auf andere
Texte, die, wenn man sie erkennt, neue Bedeutungsebenen
eröffnen. Eine wichtige Funktion der intertextuellen Verweise
in *La douleur* ist, dass sie Ironie erzeugen. Im Kontext dieser
Arbeit orientiere ich mich an Linda Hutcheons Definition von
Ironie sowie an Monika Fluderniks Zusammenfassung
verschiedener Ironie-Begriffe. Hutcheon definiert Ironie
folgendermaßen:

---

[10] "Wenn etwas ein Artefakt ist und in einer Kultur nicht nur eine
Funktion hat, sondern auch ein Zeichen ist, das eine codierte Botschaft
trägt, so wird es in der Kultursemiotik als 'Text dieser Kultur' bezeichnet.
Texte sind immer ein Ergebnis absichtlichen Verhaltens, auch wenn nicht
alle ihre Eigenschaften beabsichtigt sein müssen. […] Jedes mehr oder
weniger komplexe codierte Zeichentoken [kann] 'Text' genannt werden
[…], gleich ob es ein einzelnes Verkehrszeichen, eine Sequenz von
Verkehrszeichen, ein Gemälde, eine Plastik, ein Gebäude, ein
Musikstück, ein Tanz oder eine sprachliche Äußerung ist" (Posner 51,
52).

Irony, from the point of view of the *interpreter*, is an interpretative and intentional move: It is the inferring of **meaning** in addition to and different from what is stated, together with an attitude towards both the said and the unsaid. The move is usually triggered (and then directed) by conflictual textual or contextual evidence or by markers which are socially agreed upon [Ironiesignale]. However, from the point of view of what I [...] will call the *ironist* irony is the intentional transmission of both information and evaluative attitude other than what is explicitly presented (Hutcheon 11) [Hrvh. L.H.].

Da die Intention des "ironist", also des Autors André de Richaud, nicht bekannt ist, betrachtet die folgende Textinterpretation Ironie ausschließlich vom Standpunkt des Interpretanten. Es lässt sich dieser Ironiedefinition hinzufügen, dass Ironie in literarischen Texten auf verschiedenen Ebenen stattfinden kann (Satz, Textpassage, Text, Genre) (vgl. Fludernik 11). Die in den Text hineingelesene Bedeutung muss nicht zwangsläufig das Gegenteil von dem Gesagten sein, sondern lediglich etwas anderes, das über das Gesagte hinausgeht (vgl. Hutcheon 12). Wie in *La douleur* durch Intertextualität Ironie entsteht, soll anhand der Analyse von zwei verschiedenen Arten intertextueller Referenzen untersucht werden: Bezüge auf Musikstücke und Bezüge auf die Bibel.

Einer der intertextuellen Bezüge auf Lieder befindet sich im Kapitel 20: Dort wird erwähnt, dass in dem Café, in dem sich die drei deutschen Soldaten an einem Winterabend unter einheimischen Jugendlichen aufwärmen, der Walzer aus der Operette *Die lustige Witwe* gespielt wird (vgl. de Richaud, *La douleur* 130). Das Libretto zu diesem Stück lautet: "Heure exquise / Qui nous grise/ Lentement/La caresse/La promesse/Du moment/L'ineffable étreinte/De nos désirs fous/Tout dit: Gardez-moi/ Puisque je suis à vous" (Léon et al.). Einerseits steht der euphorische Text in Kontrast zu der desolaten Szene: Es ist ein kalter regnerischer Herbsttag. Die drei Deutschen sind einsam und haben Heimweh. Außerdem hat Otto kurz zuvor erfahren, dass sein Verhältnis mit Thérèse im Dorf bekannt ist, und nur wenige Zeilen später wird berichtet, dass er nun darüber nachdenkt, Thérèse zu verlassen. Die Gedanken Ottos und das französische Libretto ("Tout dit: Gardez-moi!") der *valse de la veuve joyeuse* stehen somit in starkem Kontrast und dadurch entsteht Ironie. Ein weiterer Faktor, durch den Ironie entsteht, ist die Handlung der Operette selbst: Sie erzählt die Geschichte einer Frau, die sich in einer von Männern dominierten Welt durchsetzt. *Die lustige Witwe* endet glücklich mit einer Liebesheirat der Titelheldin. Das Gegenteil ist in *La douleur* der Fall, Thérèse kann sich nicht gegen die patriarchalische Gesellschaft und die ideologisch aufgewiegelten Dorfbewohnerinnen durchsetzen. Der Roman endet tragisch, mit dem Unglück und dem Tod der Witwe Thérèse. Ihr Geliebter, Otto, lässt sie im Stich. Der "lustigen Witwe" der Operette hingegen mangelt es nicht an Werbern. In diesem Kapitel von *La douleur* deutet sich das Ende des Romans an, denn die Grundvoraussetzungen für die Katastrophe sind geschaffen: Das ganze Dorf weiß von Thérèses Verhältnis, und Otto beabsichtigt sie zu verlassen. Thérèses Schicksal und das Schicksal der Witwe aus der Operette könnten gegensätzlicher nicht sein. Der beschwingte Walzer bildet einen Kontrast zur desolaten Szene und das Libretto besagt das Gegenteil von den Gedanken Ottos – diese drei Aspekte können als Ironiesignale ausgelegt werden. Dass an dieser Stelle des Romans der Walzer der *Lustigen Witwe* auftaucht, kann folglich, aufgrund der Diskrepanz des Musikstücks und des Kontexts (der Textpassage in der er vorkommt und des ganzen Romans) als bittere Ironie interpretiert werden.

Ein weiteres Beispiel für intertextuelle Bezüge auf Musik ist folgende Stelle: Im Kapitel 11 pfeift Otto das populäre Soldatenlied *Quand Madelon* (in *La douleur* wird es *La Madelon* genannt) (vgl. de Richaud, *La douleur* 77). Der Liedtext von *Quand Madelon* ist eine Lobeshymne auf eine Kellnerin namens Madelon, die in einem von Soldaten frequentierten Lokal arbeitet. Die Soldaten, die von ihren Verlobten getrennt und emotional und sexuell ausgehungert sind, projizieren ihr Begehren und ihre Gefühle auf Madelon. Madelon serviert ihnen Getränke und flirtet mit ihnen. Am Ende des Lieds lehnt sie selbstbewusst den Heiratsantrag eines Korporals ab mit der Begründung "Et pourquoi prendrais-je un seul homme / Quand j'aime tout un régiment? / Tes amis vont venir. Tu n'auras pas ma main / J'en ai bien trop besoin pour leur verser du vin" (Robert und Bousquet). Thérèse ermutigt wie Madelon die Annäherungsversuche eines Soldaten, allerdings handelt es sich um einen feindlichen Soldaten und ihr Verhalten wird, ganz im Gegensatz zu dem Madelons, nicht toleriert oder gutgeheißen. Der Name Madelon, Diminutiv von Madeleine, kann auch als Verweis auf die biblische Figur der Maria Magdalena, die in der katholischen Tradition häufig als Sünderin und gefallene Frau dargestellt wird, gelesen werden. Auch Thérèse wird kurz nach dieser Textstelle eine "gefallene", von der Gesellschaft verurteilte

Frau werden, allerdings wird ihr Verstoß gegen die gesellschaftlichen Regeln, ihre Liaison außerhalb der Ehe, im Gegensatz zu Madelon und der Figur der reuigen Sünderin in der katholischen Tradition, nicht vergeben. Einerseits kann Ottos Pfeifen des Lieds als Ausdruck seines eigenen Wunsches ausgelegt werden, eine kokette junge Frau möge ihn über sein einsames Dasein als Kriegsgefangener hinwegtrösten – so wie Madelon in dem Lied die Soldaten erfreut. Andererseits kann die Erwähnung dieses Lieds, das Madelons sogenannte leichte Manieren feiert, mit Blick auf Thérèses Schicksal an dieser Stelle des Romans ironisch gelesen werden. Die Ironie des Verweises auf diese beiden Musikstücke kann als Ausdruck von Bitterkeit über die sozialen Zustände interpretiert werden: Was in populären Soldatenliedern erlaubt ist, wird in der Realität Thérèses hart sanktioniert; was in beliebten Operettenstücken passiert, entspricht nicht im geringsten der Realität des Lebens einer Witwe während des ersten Weltkriegs in Frankreich, wie sie in *La douleur* erscheint. Die Ironie kann, laut dieser Lesart, als Mittel, das eine Kritik an der Doppelmoral einer Gesellschaft transportiert, ausgelegt werden: Sie zeigt auf, dass dem Anschein nach Rechte und Möglichkeiten existieren, die aber vielen Menschen, vor allem Frauen, in Wirklichkeit verwehrt bleiben.

Ironie entsteht in *La douleur* auch durch intertextuelle Verweise auf die Bibel. Das soll anhand von zwei Beispielen erläutert werden. Das erste Beispiel stammt aus dem zweiten Kapitel:

L'enfant grandissait dans cette atmosphère de tristesse et d'amour; entre des objets sans beauté et une mère dont il était la proie. A cet âge où, dans le ventre, dans le cœur et dans la moelle des petits hommes, se produisent de mystérieux événements ; où, un soir de pluie qui électrise l'air, un genou qui saigne, une histoire racontée ont, sur les muscles et les glandes une influence qui peut être fatale; où les enfants vont au hasard; il était conduit, maintenu, sur le chemin de la passion et déjà son cœur était tendu à l'amour, à la douleur, comme une lèvre assoiffée à une eau qu'elle n'a jamais bue, mais dont elle devine le goût. Il entrait dans cette époque qui précède ce que les mères nomment l'âge *ingrat* (n'osant pas donner à ce mot le sens qu'elles pensent au plus profond d'elles) [Hrvh. A.d.R.]; il s'éveillait à ce point du jour où sur les régions secrètes du corps, s'émeuvent les premiers poils, s'épanouissent les derniers nerfs.

Le monde pendant cette invisible transformation change non de couleur mais de lumière. Les choses restent ce qu'elles sont mais un feu s'empare du corps et de l'esprit qui illumine tout ce qui l'entoure. Georget Delombre brûlait déjà comme *un buisson ardent* mais cette maison était vouée à l'obscurité (de Richaud, *La douleur* 19) [Hrvh. S.N.].

Der "buisson ardent", mit dem Georget hier verglichen wird, ist ein Verweis auf das dritte Kapitel des zweiten Buches Mose, Exodus, in dem Gott aus einem brennenden Dornbusch zu Mose spricht (vgl. *La Sainte Bible* Version Crampon, Exode 3.4)[11]. Georgets "dornbuschartiges" Brennen könnte

---

[11] Die Bibelübersetzung des Abbé Crampon war die Standardbibel der katholischen Kirche in französischer Sprache bis Mitte des 20. Jahrhunderts. "Buisson ardent" ist ein geläufiger Begriff für den biblischen brennenden Dornbusch (vgl. "Buisson").

hier als Metapher für seine körperliche und geistige Veränderung interpretiert werden: Georget tritt in die (Vor-)Pubertät ein, sein Körper verändert sich, er entwickelt eine gewisse Sinnlichkeit. Die Betonung liegt hier sehr stark auf der körperlichen Empfindung, was sich daran zeigt, dass sehr viele Körperpartien genannt werden: "moelle", "genou", "muscles", "glands" und "nerfs".

Außerdem kann das Brennen hier (anders als im Alten Testament) als Sinnbild für die Tatsache, dass er auf den "Pfad der Leidenschaft" geführt wird, gelesen werden: Da Thérèse dem kleinen Georget als einzigem "Mann" in ihrem Leben all ihre Aufmerksamkeit widmet und in ihm eine Art Partnerersatz sieht, gleicht die Mutter-Sohn-Beziehung einer mit Eifersucht aufgeladenen Liebesbeziehung. Georget ist daher, trotz seines jungen Alters, schon mit Liebesgefühlen (und später auch mit Eifersucht und Enttäuschung) vertraut. Diese "vorzeitige Reifung" Georgets erläutert der Erzähler auch an späterer Stelle im Roman:

> Il s'était cru fait pour vivre toujours étroitement avec sa mère, et il avait suffi que cet Otto vînt... Combien y en a-t-il ainsi de ces gosses qu'on a précocement mûris et qui, très jeunes, connaissent tous les tourments des amoureux (de Richaud, *La douleur* 115).

Das zweite Beispiel für das Spiel der Erzählerstimme mit biblischen Zitaten ist folgende Stelle, ebenfalls aus dem zweiten Kapitel:

> [...] On réveillait l'enfant, *pour qu'il saluât ces dames et la joue*, qui s'était longtemps appuyée sur son bras replié, était rouge et brûlante. Les demoiselles Gardet le baisaient sur celle-là. Noyé de sommeil, *il n'avait pas la force de tendre l'autre* [Hrvh. S.N.].

Il bavait un peu et ses yeux étaient troubles.

Sa mère remarquait qu'il ressemblait à un homme après l'amour. Une indicible douleur sur ses traits se mêlait à toutes les traces du plaisir (de Richaud, *La douleur* 24).

Hier wird auf das fünfte Kapitel des Matthäusevangeliums angespielt (bzw. auf das 6 Kapitel im Lukasevangelium), in dem Jesus seine Jünger zur Feindesliebe auffordert (*Les quatre Évangiles* Version Crampon, Matthieu 5.38-40):

Et moi, je vous dis de ne pas résister à l'homme qui vous maltraite, mais si quelqu'un vous frappe sur la joue droite, présentez-lui encore l'autre (*Les quatre Évangiles* Version Crampon, Matthieu 5.38-40).

Auch Georget wird dazu aufgefordert die Wange hinzuhalten, allerdings nicht, um Schläge hinzunehmen, sondern Küsse von Madame Gardets Töchtern. Für den schlaftrunkenen Jungen, der eigens geweckt wurde, um die zwei Frauen (von der Erzählerstimme als lächerlich herausgeputzte Klappergestelle beschrieben (vgl. de Richaud, *La douleur* 23)) zu verabschieden, ist dieses "Wange hinhalten" vielleicht ähnlich unangenehm. Allerdings kommt Georget der Aufforderung, die andere Wange hinzuhalten, nicht nach: Er bringt nicht die Kraft dazu auf. Interessanterweise scheitert Georget, trotz seines religiösen Enthusiasmus, an späterer Stelle des Romans an ebenjenem christlichen Gebot der Feindesliebe und Vergebung, auf das hier angespielt wird: Als er von der Schwangerschaft seiner Mutter erfährt, gelingt es ihm nicht ihr zu verzeihen (vgl. de Richaud, *La douleur* 163).

In beiden soeben genannten Beispielen für intertextuelle Bezüge auf die Bibel tauchen Anspielungen auf Bibelstellen in äußerst profanen Kontexten auf, nämlich im

Zusammenhang mit Körperlichkeit, Sinnlichkeit und zwischenmenschlichen Gefühlen. Im ersten Bibelzitat (der Vergleich Georgets mit einem brennenden Dornbusch) wird ein Symbol, das in der Bibel für Gott steht, verwendet, um einen Vergleich mit Georgets körperlicher und emotionaler Entwicklung zu ziehen. Im zweiten Beispiel (Georget, der nicht die Kraft hat, die andere Wange hinzuhalten) ist ebenfalls das semantische Feld der Hitze präsent, das die Konnotation von körperlicher und emotionaler Leidenschaft trägt: Georgets Wange ist rot und heiß. Gleich nachdem eine Verbindung zwischen Georget und dem Matthäusevangelium hergestellt wird ("Il n'avait pas la force de tendre l'autre" (de Richaud, *La douleur* 24)), wird außerdem beschrieben, dass sein halbwacher körperlicher Zustand bei ihm eine Mischung aus Schmerz und Lust hervorruft und dass er, in Thérèses Augen, wie ein Mann nach dem Geschlechtsverkehr aussieht. An den betreffenden Textstellen aus *La douleur* wird eine Passage aus der Bibel, die eine geistige Botschaft über den Glauben vermittelt (Moses Berufung, Jesus' Aufforderung zur Feindesliebe), verwendet, um einen körperlichen Zustand zu illustrieren. Diese Bilder aus der Bibel werden mit sexuellen und sinnlichen Konnotationen aufgeladen. Diese stehen in Kontrast zur repressiven Sexualmoral der katholischen Kirche und der provenzalischen Dorfgesellschaft, wie sie in *La douleur* dargestellt wird: Thérèse schämt sich ihrer sexuellen Wünsche (vgl. de Richaud, *La douleur* 31-32), uneheliche Kinder und Frauen, die uneheliche Kinder haben, werden gemieden "comme des lépreux" (de Richaud, *La douleur* 122). Beim Katechismusunterricht lernt Georget das Gebot "œuvre de chair ne désireras qu'en mariage seulement" (de Richaud,

La douleur 104), allerdings ohne genau zu verstehen, was mit "œuvre de chair" gemeint ist – ein weiterer Punkt, der erkennen lässt, dass der Umgang mit Sexualität in *La douleur* als repressiv dargestellt wird. Außereheliche Sexualität wird im Katechismus der katholischen Kirche verboten; Sexualität im Allgemeinen ist in Familie und Kirche ein Tabu und wird nur verhüllt angesprochen. Man könnte sagen, dass Richaud die Sprache der Bibel desakralisiert, indem er sie genau für die Dinge anwendet, die (seiner Darstellung nach) in der katholischen Kirche ein Tabu sind.

Man kann diese Verwendungen von Anspielungen auf Bibeltexte als ironisch betrachten. Die ironische Verwendung von Motiven aus der Bibel im Zusammenhang mit Sexualität und Körperlichkeit stellt eine Verbindung zwischen dem Umgang mit Sexualität der katholischen Kirche (bzw. der gläubigen Bevölkerung, die die Kirchendoktrin verinnerlicht hat) und der obsessiven Beschäftigung mit Sexualität der Protagonisten her. Eine mögliche Interpretation ist, dass die Sexualität genau *aufgrund* des gesellschaftlichen Umgangs mit Sex und dem Körper (Repression, Verbote, das Verschweigen und Verschleiern, aber auch gesellschaftliche Praktiken, die zur Beschäftigung damit auffordern, wie die Beichte) zur Obsession wird. Viele Stellen im Text bestätigen das: Im vierten Kapitel betrachten Georget und ein kleines Mädchen gegenseitig die intimen Stellen ihrer Körper:

> Elle [Thérèse] [...] trouve, parmi les vieux livres et les meubles poussiéreux, dans la grande lumière de neuf heures, les deux enfants qui, *avec innocence*, regardent les endroits secrets de leurs corps. *Aucun désir dans leurs yeux candides* (de Richaud, *La douleur* 33) [Hrvh. S.N.].

128

Die Wörter "innocence" "aucun désir" und "candide" legen nahe, dass Georget und seine Freundin dieses Spiel weniger aus sexuellem Verlangen als aus kindlicher Neugier machen. Thérèse jedoch, deren Wahrnehmung von ihrem eigenen sexuellen Verlangen geblendet ist, interpretiert den Vorfall als sexuelle Handlung und reagiert mit Eifersucht: "Une femme, déjà, lui enlévait son fils, voilà comment elle voyait l'incident" (de Richaud, *La douleur* 33). Thérèse schimpft mit Georget, ohrfeigt das Mädchen und weint bitterlich. Infolgedessen betrachtet schließlich auch Georget sein Spiel mit dem Mädchen als etwas Verbotenes, als einen Verrat an seiner Mutter und als Sünde. Als Georget zum ersten Mal zur Beichte geht, ist er überzeugt, dass sein Spiel mit dem Mädchen seine schlimmste Sünde ist (vgl. de Richaud, *La douleur* 102). Weil Georget Angst hat, dies zu beichten, versucht er es zu vergessen, was allerdings zur Folge hat, dass er immer mehr daran denkt:

> On lui avait dit que ce qu'on oubliait de dire au curé était pardonné quand même. Il faisait tout son possible pour ne pas penser à cette chose, en vain, le ventre de la fillette venait toujours devant ses yeux.
>
> [...]
>
> Naïvement, il croyait pouvoir oublier, mais il donnait du poids, en quelque sorte, à son péché, à mesure qu'il y pensait.
>
> A force de la voir en esprit, cette fillette nue, il se mit à désirer encore la voir réellement (de Richaud, de Richaud *La douleur* 103) [Hrvh. S.N.].

Das Zitat macht deutlich, dass das Verbot und die Praxis der Beichte zur intensivierten Beschäftigung Georgets mit dem nackten Körper des Mädchens führt. Dort, wo vorher kein

129

Verlangen war ("aucun désir dans leurs yeux candides") entsteht Verlangen, durch das extreme Verhalten der Mutter und die Gebote der Kirche gefördert ("Il se mit à désirer encore la voir réellement."). Diese Interpretation kann auch auf Thérèse ausgeweitet werden: Man kann argumentieren, dass ihre Sexualität erst durch die gesellschaftliche Repression zu einer Obsession wird: Sie darf ihr sexuelles Begehren aufgrund ihrer gesellschaftlichen Stellung als Kriegswitwe nicht ausleben. Erst durch dieses Verbot und die Tabuisierung wird es zu einer Obsession, der sie sich nicht entziehen kann und die fatale Auswirkungen auf ihr gesamtes Leben hat. Die sexuelle und sinnliche Aufladung von durch den Kontext verfremdeten Bibelstellen kann folgendermaßen ausgelegt werden: *La douleur* zeigt einen Zusammenhang zwischen sexuellen Obsessionen und dem repressiven Umgang der katholischen Kirche mit Sexualität auf. Folglich können die Anspielungen auf die Bibelstellen in *La douleur* als soziale Kritik interpretiert werden: Die Kritik an einer Gesellschaft, in der Sexualität aufgrund der repressiven Sexualmoral zum Problem für Individuen wird.

In *La douleur* gibt es zahlreiche intertextuelle Verweise. Die Bezugnahme auf zeitgenössische Musikstücke und die Anspielungen auf das kulturell tief verwurzelte Alte und Neue Testament können im Kontext des Romans als Ironie ausgelegt werden. Wie die hier ausgeführten Interpretationen gezeigt haben, kann diese Ironie in beiden Fällen als Mittel, um eine Gesellschaftskritik zu transportieren, verstanden werden. Erstens als Kritik einer Gesellschaft, die eine ausgeprägte Doppelmoral an den Tag legt, was die Rechte und Lebensbedingungen von Frauen betrifft, und zweitens als

Kritik an dem repressiven Umgang mit Sexualität im ländlichen Frankreich am Anfang des 20. Jahrhunderts.

5.3 Erzählerstimme

Ein weiteres stilistisches Merkmal von *La douleur* ist das Schwanken der Erzählerstimme zwischen verschiedenen Haltungen zur Protagonistin. Einerseits findet durch die Verwendung negativ wertender Kommentare und Ironie meines Erachtens eine kritische bzw. spöttische Distanzierung von der Protagonistin statt. Diese Haltung wird jedoch immer wieder durchbrochen: durch empathische Erzähler-kommentare, lyrisch emotionale Passagen und Ähnlichkeiten zur Tragödie. Mit den lyrisch emotionalen Passagen sind hier Textstellen gemeint, die eine besonders große Dichte literarischer Tropen und Figuren (beispielsweise Vergleiche, Metaphern und Assonanzen) aufweisen und somit an Lyrik erinnern und sich vom sonstigen Duktus der Erzählerstimme unterscheiden. Das tragische Element, was hier untersucht wird, ist der Sog, den der Roman vom Ende her entwickelt: Die Hauptfiguren steuern auf ein unausweichliches schlimmes Ende zu. Durch diese gegensätzlichen Tendenzen der Erzählerstimme entsteht das Bild einer ambivalenten Protagonistin.

Die Haltung der Erzählerstimme gegenüber Thérèse ist häufig negativ und kritisch: einerseits werden die negativen Wertungen durch indirekte Mittel wie Ironie, Spott und Distanz transportiert, andererseits durch direkte Mittel wie explizite negativ wertende Kommentare. Ein Beispiel für explizite, negative Erzählerkommentare ist die Beschreibung

131

von Thérèses Akzent und ihrer Art zu sprechen: Sie werden von dem Erzähler wiederholt als "ridicule" bezeichnet. Auch ihre Möbel werden als "ridicules" und "sans goût" beschrieben (de Richaud, *La douleur* 19). Ihre Fähigkeit als Mutter wird abgewertet – die Erzählerstimme nennt sie "mère insensée" (de Richaud, *La douleur* 124). Ihre Überlegungen werden als "plates" (de Richaud, *La douleur* 144) beschrieben und es wird an mehreren Stellen erwähnt, dass es Thérèse an Vorstellungskraft mangelt, beispielsweise in der folgenden Beschreibung: "elle – qui avait [...] si peu d'imagination pour tout ce qui n'était pas l'amour et la chair" (de Richaud, *La douleur* 45). Des Weiteren wird sie in der Szene, in der sie sich entschließt, das Flüchtlingsmädchen Olga wegzuschicken, als fanatisch und boshaft dargestellt: ihre Stimme wird "aigre et stridente" (de Richaud, *La douleur* 57) während sie das unschuldige Mädchen unter dem falschen Vorwand, sie habe sie bestohlen, beschimpft.

Neben den negativen Kommentaren trägt auch Ironie zur spöttischen Distanzierung der Erzählerstimme von Thérèse bei: Ironie wird, laut Bärbel Frischmann, als "Distanzierung, Relativierung und Perspektivierung" (Frischmann et al. 9) eingesetzt. Die folgende Stelle aus *La douleur* ist ein Beispiel für die Verwendung von Ironie als Relativierung durch die Erzählerstimme, die sich so von der Figur Thérèse Delombre abgrenzt:

> Elle n'avait pas assez d'imagination pour trouver dans la foi un débouché à son grand besoin d'amour. Quand une personne, discrètement, lui demandait pourquoi elle n'allait pas à la messe, elle répondait qu'elle n'avait pas été élevée dans la religion et – comme le font les gens de raison – disait que Dieu ne devrait pas

permettre aux hommes de s'entretuer. Cette accusation
la soulageait et la personne trop curieuse – qui était
souvent Mme Gardet, disait, en poussant des soupirs :
– Oh! pour cela, je ne dis pas, madame Delombre, nous
sommes bien obligés d'en convenir (de Richaud, *La
douleur* 46).

Thérèses Begründung, sie gehe nicht zur Messe, weil sie
glaube "que Dieu ne devrait pas permettre aux hommes de
s'entretuer" und Madame Gardets Zustimmung zu dieser
Behauptung können als Ironie der Erzählerstimme verstanden
werden. In der Tat kann der vorhergehende Satz "Elle n'avait
pas assez d'imagination pour trouver dans la foi un débouché
à son grand besoin d'amour" als Thérèses Behauptung
widersprechend gelesen werden, denn er legt nahe, dass
Thérèse nicht gläubig ist und kein Interesse an der Religion hat
und dass dies der wahre Grund ist, weshalb sie nicht zur Messe
geht. Die Worte "comme le font les gens de raison" betonen,
dass es sich bei Thérèses Antwort um eine für "gens de raison"
typische Antwort handelt, woraus geschlussfolgert werden
kann, dass Thérèse diese vorgefertigte Antwort, einen
Gemeinplatz, der nicht wirklich ihrer eigenen Haltung zur
Religion entspricht, wiederholt. Die nachgeschobene
Anmerkung, dass die Person, die Thérèse die Frage über ihren
Gang zur Messe stellt, häufig Madame Gardet ist, betont den
repetitiven und abgedroschenen Charakter dieser
Konversation. Die Haltung, die die Erzählerstimme zu
Thérèses Aussagen einnimmt ist somit spöttisch und
abschätzig. Durch die Ironie distanziert sich die
Erzählerstimme von Thérèses Aussage.

Ein weiteres Mittel der Distanzierung der
Erzählerstimme von der Protagonistin und der Handlung des

Romans im Allgemeinen, ist die punktuelle Verwendung selbstreferenzieller Sprache und die direkte Ansprache der implizierten LeserInnen. Das ist zum Beispiel an folgender Stelle der Fall:

> Le lecteur averti voit depu is quelque temps où je veux en venir. Si trop naïf ou trop paresseux pour chercher il n'a rien deviné encore, qu'il me permette de le conduire au sommet même de ce chapitre et de lui montrer ce livre en perspective (de Richaud, *La douleur* 36).

Die Erzählerstimme wendet sich hier direkt an die implizierten LeserInnen. Dadurch, dass der Erzähler den impliziten Leser als solchen anspricht ("qu'il [le lecteur] me permette [...]") und von Buch und Kapiteln spricht, lenkt er die Aufmerksamkeit auf das Objekt Buch und den Akt des Lesens und durchbricht somit die fiktionale Illusion. Die Erzählerstimme distanziert sich von Handlung und Figuren, indem sie sich als kalkulierende, bestimmte Absichten verfolgende, über dem Text stehende Figur präsentiert. Der Erzähler sagt "me" und spricht somit, in gewissem Maße, von sich selbst – somit schiebt er sich als eigenständige Figur zwischen LeserInnen und die Geschichte.

Der spöttische, kritische, distanzierte Ton der Erzählerstimme zieht sich jedoch nicht durch den gesamten Roman. An entscheidenden Stellen des Romans deuten Ausrufe sowie der emotionale Charakter der Erzähleraussagen auf Empathie der Erzählerstimme mit der Protagonistin hin: Als Thérèse kurz davor steht, die diffamierende Aufschrift auf ihrem Haus zu entdecken, ruft der Erzähler beispielsweise: "Oh! Que la vie est plus subtile, plus cruelle que le mieux bâti des romans!" (de Richaud, *La douleur* 145). Hier wird die fiktionale Illusion, die, wie soeben gezeigt wurde, an manchen Stellen des Romans punktuell von der Erzählerstimme durchbrochen wird, wieder hergestellt: Der Ausruf insinuiert, dass es sich bei der erzählten Handlung um das echte Leben und nicht um einen (fiktionalen) Roman handelt.

Affektion und Anteilnahme der Erzählerstimme können auch aus folgendem Ausruf abgelesen werden, den der Erzähler macht, nachdem Thérèse die Schrift auf ihrem Haus gesehen hat: "Pauvre femme [...]!" (de Richaud, *La douleur* 148). Wenig später, als Thérèse verzweifelt und weinend nach dem Beerdigungszug nach Hause kommt, signalisiert die Erzählerstimme ebenfalls, dass sie Empathie mit Thérèses Leid verspürt: "Le spectacle était lamentable. [...] Rien est plus douloureux à voir qu'une femme que la douleur affole" (de Richaud, *La douleur* 149). In dem entscheidenden Moment, als Georget seine Mutter aufs Härteste verurteilt, nachdem er von ihrer Schwangerschaft erfährt, äußert der Erzähler Verständnis mit beiden Figuren:

> La femme est anéantie, abîmée, ouverte comme si on lui avait fait dire son secret en la torturant. "Voilà, ils sont tous comme cela. Déjà, ils savent ce qu'il *faut* faire et ce qu'il ne *faut pas* faire. A onze ans..."
>
> Mais elle aussi, pourquoi l'a-t-elle abandonné, ce petit cœur qui se formait, qui s'épanouissait comme une fleur délicate, pour cet homme, sans comprendre qu'elle le faisait souffrir un martyre? (de Richaud, *La douleur* 159) [Hrvh. A. d. R.].

Thérèses Schmerz wird durch das Asyndeton "anéantie, abîmée, ouverte" hervorgehoben. Zudem betont der Vergleich "comme si on lui avait fait dire son secret en la torturant" ihre extreme Verzweiflung. Die direkte Rede Thérèses lässt ihre

135

Gedanken und Gefühle sichtbar werden: ihre Enttäuschung und Verbitterung darüber, dass ihr Sohn, im Alter von 11 Jahren bereits meint, über das Verhalten seiner Mutter urteilen zu können. Durch das "mais" relativiert der Erzähler jedoch diese Kritik an Georget, indem er hinzufügt, dass auch Thérèses Verhalten tadelnswert war: "Mais elle aussi, pourquoi l'a-t-elle abandonné, ce petit cœur qui se formait [...]?". In der rhetorischen Frage signalisieren die Worte "ce petit coeur", die metonymisch für Georget stehen, und der Vergleich mit einer "fleur délicate", dass die Erzählerstimme gleichzeitig auch Verständnis für Georget hat und ihn bemitleidet.

Ein weiteres Beispiel für einen besonders emotionalen Erzählerkommentar ist folgende Stelle, die auf die Szene im zweiten Kapitel, in der Madame Gardet und ihre Töchter abends bei Thérèse zu Gast sind, folgt:

> Cette scène mesquine, odieuse aurait paru se passer dans le pays des héros de roman si l'enfant qui s'était endormi sur son jeu de construction et la mère qui buvait son café à la saccharine n'avaient attesté la Vie. Leur sang errait dans leurs veines comme une bête traquée dans les sentiers de la forêt. Cette sombre forêt qu'est le corps ; fermée à tous dans sa lisière de peau et que seul l'amour pénètre et éclaire (de Richaud, *La douleur* 23).

Der letzte Satz dieser Passage weist eine besondere Dichte an literarischen Figuren auf und hat somit eine besonders lyrische und emotionale Qualität. Das Blut wird mit einem gehetzten Tier verglichen und die Venen mit Waldpfaden. Im folgenden Satz ist der dunkle Wald eine Metapher für den Körper, und der Waldrand für die Haut – es handelt sich hier um eine *métaphore filée*, die ab dem ersten Vergleich weitergesponnen wird. Neben den Metaphern und Vergleichen wird die lyrische Qualität auch durch die Assonanzen von dunklen nasalen Vokalen und o-Klängen ("sentiers dans la forêt. Cette sombre forêt qu'est le corps" [Hrvh. S.N.]) und dem Laut [ɛ] ("lisière", "pénètre" und "éclaire" [Hrvh. S.N.]) verstärkt. Diese emotional aufgeladenen und an Lyrik erinnernden Sätze stehen in besonderem Kontrast zu den vorherigen, hochgradig ironischen Absätzen, in denen die Banalität und Kleingeistigkeit dieser "scène mesquine et odieuse" beschrieben wird.

Auch das Ende der Figur Thérèse wird in einen emotionalen Ton beschrieben. Die folgende Textstelle ist aus dem letzten Kapitel des Romans. Thérèse hat Otto und die beiden anderen Deutschen, die singend das Dorf für immer verlassen, von dem Fenster des Dachbodens aus beobachtet, bis sie außer Sicht waren:

> C'était fini. Elle respira. Elle descendit rapidement, mais est-ce que ce fut son talon qui s'accrocha à la marche de l'escalier, ou une main la retint-elle dans l'ombre? L'heure de l'oubli – du châtiment peut-être – était-elle venue? Elle tomba le long des escaliers et la lampe alla se briser contre la rampe sur laquelle étaient posées des couvertures. Elle poussa un cri long et douloureux qui remplit toute la maison. L'enfant avait entendu le choc. Il monta l'escalier obscur en se heurtant à toutes les marches. Sa mère était étendue dans la lueur rouge et confuse des couvertures de laine qui commençaient à brûler. Elle ne faisait pas un geste. Evanouie. Un trou sanglant et noir était à sa tempe. Son corps se mêlait à l'ombre; une épaisse fumée descendait pesamment les escaliers, tournait autour de la rampe et

137

se fondait dans l'obscurité (de Richaud, *La douleur* 166-167).

Die Sätze dieser Passage sind kurz. So entsteht ein Eindruck von Geschwindigkeit. Der schneller werdende Rhythmus und die Wiederholung von "elle" können als Zeichen der Betonung des emotionalen Charakters dieses Moments gelesen werden. Die Frage, ob Thérèse moralisch zu verurteilen ist und ob ihr Ende als "Strafe" für ihr unmoralisches Verhalten gelesen werden soll, bleibt offen. Diese angedeutete Möglichkeit wird sogleich durch ein Fragezeichen und ein "peut-être" in Frage gestellt. Des Weiteren verdeutlicht diese Szene die Ähnlichkeit des Romans mit der klassischen Tragödie: Während des ganzen Romans steuern die Protagonisten auf ihr schreckliches Ende zu. Thérèse befindet sich in einem Konflikt zwischen ihrem Begehren und den gesellschaftlichen Regeln. Sie lehnt sich gegen ihr tragisches Schicksal auf, versucht es zu verhindern (beispielsweise, indem sie versucht, ihr Begehren zu unterdrücken); dies scheitert jedoch. Gegen Ende des Romans wird auch die ominöse Bedeutung von Thérèses Nachname deutlich. Thérèse trägt den Namen Delombre; sie ist seit Anfang des Romans zu einem Leben im Schatten verurteilt und findet auch ihr tragisches Ende im Schatten: "Son corps se mêlait à l'ombre". Dies kann als Metapher für die Unabwendbarkeit ihres Schicksals gelesen werden. Ihre letzte Geste ist ein "cri long et douloureux", ein Ausdruck ihres Schmerzes. Die Darstellung Thérèses als hochgradig tragische Figur und die emotionale Darstellung ihres Todes unterminiert die kritische, distanzierte und verurteilende Haltung, die die Erzählerstimme bisweilen ihr gegenüber an den Tag legt.

Durch den Kontrast zwischen Anteilnahme und Distanzierung der Erzählerstimme gelingt es Richaud, in Thérèse eine durch und durch ambivalente weibliche Hauptfigur zu schaffen. Die Erzählerstimme, die hin- und hergerissen zwischen Verurteilung und Verständnis, Spott und Mitleid scheint, nimmt keine eindeutige Position zur Protagonistin ein. Dieses Spannungsverhältnis trägt maßgeblich zur Komplexität des Romans bei, denn es ermöglicht auch eine gewisse Offenheit und moralische Ambiguität: Ist sie eine tragische Heldin oder ein Negativbeispiel für unmoralisches Handeln? Kann ihr Tod als Strafe für ihr Handeln betrachtet werden oder ist sie ein Opfer der Gesellschaft? Diese Fragen bleiben offen. Die Offenheit des Romans und die ambivalente Darstellung der Protagonistin gehören wahrscheinlich auch zu den Gründen, warum nach dem Erscheinen des Romans so viele verschiedene und auch gegensätzliche Interpretationen von *La douleur* in der Presse veröffentlicht wurden und warum der Roman und die Frage nach seiner Moral eine solche Kontroverse ausgelöst haben.

6. Fazit

"Je ne suis pas mort" schrieb André de Richaud im Jahre 1965 – zu einem Zeitpunkt, an dem ihn fast alle, die ihn kannten, vergessen hatten. Richaud ist im Jahre 1968 verstorben, aber seine Texte sind nach wie vor von Interesse und werden auch zu einem großen Teil noch immer (bzw. wieder) in Frankreich verlegt. Es ist das Ziel dieser Arbeit, zu zeigen, dass dieser Autor, trotz der Tatsache, dass ihn heute nur wenige kennen, ein großes, vielschichtiges Werk hinterlassen hat und dass es sich lohnt, sich mit seinen Texten auseinanderzusetzen.

Konkret ging es hier darum durch Lektüren, Interpretationen und die Einordnung in den historischen und literarischen Kontext eine Einführung in André de Richauds Werk als Romancier zu geben. Die Romane *La douleur*, *La fontaine des lunatiques*, *L'amour fraternel*, *La barette rouge*, *La nuit aveuglante*, *Le mauvais*, *La rose de noël* und *L'étrange visiteur* waren Teil meiner Untersuchung. Ein besonderer Schwerpunkt lag dabei auf *La douleur*, Richauds erstem und meiner Einschätzung nach interessantestem Roman. Richauds Gedichte, seine kürzeren narrativen Texte sowie seine (pseudo-)autobiographischen Werke wurden hier nicht berücksichtigt, da dies den Rahmen dieser Arbeit gesprengt hätte.

Nach einem kurzen Überblick über Richauds biographischen Werdegang und sein literarisches Gesamtwerk in der Einleitung, werden seine Romane im zweiten Kapitel im Zusammenhang mit dem Gesellschaftsroman betrachtet. Ich stelle hier die These auf, dass Richauds Romane maßgeblich in der Tradition des Gesellschaftsromans stehen. Hierfür ziehe ich inhaltliche und stilistische Parallelen mit anderen bekannten Vertretern dieser literarischen Gattung. In meinen vergleichenden Lektüren arbeite ich vier Aspekte heraus, anhand derer die gesellschaftliche Dimension der Romane zum Ausdruck kommt:

1. Romanzyklus und Familiensaga: Richaud verwendet für seine Familiensaga *Les Brunoy* die Form des Romanzyklus wie Zola und Balzac. Wie seine Vorgänger, setzt sich Richaud in seinen Romanen auch inhaltlich mit gesellschaftlichen Problematiken auseinander. Die sozialen Unterschiede zwischen den Figuren und die dadurch entstehenden Konflikte spielen auf der Handlungsebene der Romane eine zentrale Rolle, wie ich am Beispiel von *Le mauvais* demonstriert habe. Richauds Gesamtwerk als Romancier kann als eine Art großer Zyklus betrachtet werden, in dem sich Einzelschicksale zu einem Bild der Gesellschaft zusammenfügen. Die Gesellschaft, die Richaud in seinen Romanen beschreibt, ist hierbei räumlich und zeitlich begrenzt: Es handelt sich vorwiegend um die ländliche Gesellschaft im Süden Frankreichs Anfang des 20. Jahrhunderts. Für diese Auslegung spricht, dass es bei Richaud Charaktere gibt, die in verschiedenen seiner Romane auftauchen, ähnlich wie in Balzacs *Comédie humaine*.

2. Details des Alltagslebens: Richauds Romane sind reich an Details, was die Beschreibung von Orten und Objekten betrifft – die beschriebenen Elemente werden stets in Beziehung zu anderen Elementen beschrieben und somit als Teil eines großen Ganzen präsentiert. Dieses an Flaubert erinnernde literarische Verfahren, das die Beziehung vom Einzelnen zu seiner Umgebung hervorhebt, kann als Metapher

für das Individuum in seinem gesellschaftlichen Zusammenhang gelesen werden.

3. Gesellschaftskritik und Satire: Gesellschaftsromane haben zumeist eine sozial-kritische Dimension. In Richauds Romanen wird Gesellschaftskritik oft mittels Satire geübt. Ich habe gezeigt, dass in *La barette rouge* und in *La douleur* die Doppelmoral satirisch entlarvt wird.

4. Außenseiterfiguren und soziale Normen: Ein weiterer sozialkritischer Aspekt an Richauds Romanen sind ihre Figuren. Sie sind meistens Außenseiter. Ihr Außenseiterstatus wirft die Frage nach den sozialen Normen auf, auf Grund derer sie ausgeschlossen werden. Ich argumentiere, dass sich Richauds Romane kritisch mit diesen Normen auseinandersetzen, indem sie die Gewalt aufzeigen, die gesellschaftlich Ausgeschlossenen widerfährt.

Das dritte Kapitel der Arbeit ist dem Bezug Richauds zum Existenzialismus gewidmet. Hier versuche ich zu zeigen, dass eine Nähe zwischen Richauds Romanen und der Philosophie und Literatur des Existenzialismus besteht, insbesondere der von Camus und Sartre. Diese These wird durch existenzialistische Lektüren einiger Romane Richauds (hauptsächlich *L'amour fraternel*, *La barette rouge*, *La nuit aveuglante* und *L'étrange visiteur*) untermauert. Dabei werden folgende Elemente, die ebenfalls in Camus' und Sartres existenzialistischen Texten präsent sind, identifiziert und untersucht: das Absurde, die Flucht vor der Freiheit, problematische zwischenmenschliche Beziehungen und die Darstellung des Schreibens als Revolte.

Die Existenz erscheint in Richauds Romanen häufig absurd. Dieses Gefühl der Absurdität ist auch ein wichtiger

143

Bestandteil von Camus existenzialistischem Aufsatz *Le mythe de Sisyphe* und Sartres *La nausée*.

Richauds Figuren können als existenzialistische Antihelden betrachtet werden. Sie könnten frei sein und erlangen in seltenen Momenten eine Art *liberté absurde*, wie Camus sie beschreibt. Die meiste Zeit jedoch fliehen sie vor ihrer eigenen Freiheit, indem sie verzweifelt versuchen, einen Sinn in ihrem Leben zu finden und vorgeben, ein passives Produkt ihrer Lebensumstände zu sein. Ihr Verhalten ähnelt Sartres Konzept der *mauvaise foi*.

Die zwischenmenschlichen Beziehungen der Charaktere Richauds werden stets als problematisch dargestellt, da sie den Blick und die Freiheit des Anderen als Bedrohung ihrer eigenen Freiheit begreifen – ihre Reaktionen darauf sind Verhaltensweisen wie Sadismus, Masochismus, Hass und Gleichgültigkeit. Richauds Vision zwischenmenschlicher Beziehungen gleicht somit der Sartres, der solche negativen Reaktionen als Versuche versteht, die Freiheit des Anderen zu bekämpfen oder aufzuheben.

Wie bei Camus spielt auch in Richauds Romanen die Revolte, d.h. das Aufbegehren gegen die Bedingungen menschlicher Existenz, eine wichtige Rolle. Das Schreiben wird in Richauds *La nuit aveuglante* als ein Weg dargestellt, wie man gegen die Absurdität der Existenz aufbegehren kann, und entspricht somit Camus Vision von der *création absurde*.

Besondere Aufmerksamkeit gilt in meiner existenzialistischen Lektüre der Texte Richauds dem Roman *L'étrange visiteur*, der, wie im letzten Unterkapitel dargelegt, als sehr ambivalente Auseinandersetzung mit der Philosophie des Existenzialismus und insbesondere mit Camus *L'étranger* gelesen werden kann – sowohl pro-existenzialistische als auch anti-existenzialistische Auslegungen sind möglich.

Richauds frühe Romane, so meine These, können als Vorreiter des Existenzialismus betrachtet werden, in denen bereits vor der Entstehung der philosophischen Strömung mit diesem Namen einige der existenzialistischen Grundgedanken angelegt waren. Es ist bekannt, dass der junge Camus zutiefst von Richauds Roman *La douleur* beeindruckt war (vgl. Camus, "Rencontres avec André Gide" 1117). Möglicherweise hatten Richauds frühe Romane auch einen Einfluss auf die Entwicklung von Camus' existenzialistischer Philosophie. Andererseits kann meines Erachtens in Richauds späteren Romanen (umgekehrt) ein Einfluss der existenzialistischen Philosophie und Literatur Camus' und Sartres beobachtet werden.

Im vierten Kapitel geht es um die Rezeption von Richauds erstem Roman, der 1930 und 1931 eine polemische Debatte auslöste und eine beachtliche mediale Aufmerksamkeit erhielt. Zunächst habe ich hierfür die Umstände der Veröffentlichung des Romans und sein knappes Verfehlen des *Prix du premier roman* umrissen.

Im Anschluss daran wurde anhand der in der Presse erschienen Rezensionen über *La douleur* die Frage diskutiert, was 1931 an *La douleur* als skandalös wahrgenommen wurde und somit zu gespaltenen Reaktionen der Presse und der Jury des Literaturpreises geführt hatte. In den Presseartikeln konnte ich verschiedene Aspekte identifizieren, die die Journalisten an Richauds Roman als (potentiell) schockierend oder unmoralisch wahrgenommen hatten: erstens, die Tatsache, dass der Roman von dem Verhältnis zwischen einer *französischen* Kriegswitwe und einem *deutschen* Kriegsgefangenen handelt – eine Liaison, die möglicherweise nicht der gewünschten patriotischen Gesinnung der Jury (bzw. einiger Journalisten) entsprach; zweitens, die desillusionierte und pessimistische Haltung des Romans und drittens, die zentrale Rolle, die Sexualität in *La douleur* spielt. Dieser dritte Aspekt ist auch derjenige, der am häufigsten in den negativen Rezensionen betont wurde. Vor allem, dass es sich im Roman um die Darstellung von sexuellem Begehren einer Frau (und Mutter) handelt, scheint einige Journalisten gestört zu haben.

In vielen der Presseartikel über *La douleur* wurde als Kritik angeführt, *La douleur* sei "invraisemblable" (also unwahrscheinlich bzw. unrealistisch). Ich habe versucht zu analysieren, was die Implikationen dieser Kritik sind und worauf sie abzielt. Nach meiner Analyse der Rezensionen beruht das scheinbar rein ästhetisch fundierte Urteil der Journalisten wohl eher darauf, dass *La douleur* von der verbreiteten Vorstellung von Geschlechterrollen und sexuellen Normen abweicht – und aus diesem Grund als "invraisemblable" wahrgenommen wurde.

Im fünften und letzten Kapitel nehme ich eine durch Lektüren ergänzte stilistische Charakterisierung von *La douleur* vor. Hierbei werden mehrere Aspekte im Detail analysiert: Redewiedergabe, Intertextualität und die Erzählerstimme.

Bei meiner Untersuchung der Redewiedergabe verwende ich Gérard Genettes analytische Kategorien der Distanz und Fokalisierung. Sie erlauben es mir, zu zeigen, dass in *La douleur* durch den Wechsel zwischen den Fokalisierungen und verschiedenen Formen der

Redewiedergabe ein Schwanken zwischen Nähe und Distanz entsteht. Die variierende Fokalisierung lässt verschiedene Stimmen und Perspektiven mit in den Roman einfließen – Thérèses moralischer Konflikt wird so in der narrativen Gestaltung widergespiegelt.

Im darauf folgenden Unterkapitel wird untersucht, wie durch intertextuelle Bezüge auf die Bibel und auf Liedtexte Ironie entsteht. Diese Ironie kann als Kritik am gesellschaftlichen Umgang mit Sexualität sowie an der Doppelmoral, vor allem was Frauenrechte anbelangt, gelesen werden.

Zu guter Letzt widme ich mich der Untersuchung der Erzählerstimme. Ich zeige das Schwanken der Erzählerstimme zwischen verschiedenen Haltungen zur Figur Thérèse Delombre auf: Zum einen findet durch die Verwendung negativ wertender Kommentare und Ironie eine kritische Distanzierung von der Protagonistin statt. Diese Haltung wird jedoch des Öfteren durch empathische Erzählerkommentare, lyrisch emotionale Passagen und Ähnlichkeiten mit der Tragödie durchbrochen – diese literarischen Mittel lassen einen Eindruck von Emotionalität und Anteilnahme entstehen. Das Schwanken zwischen verschiedenen Erzählerhaltungen bewirkt, dass Richauds Darstellung der weiblichen Hauptfigur zutiefst ambivalent bleibt. Diese Ambivalenz verleiht dem Roman eine gewisse moralische Offenheit, die zur Vielschichtigkeit dieses Werks beiträgt.

Aus meiner intensiven Auseinandersetzung mit André de Richaud haben sich weitere Perspektiven für die zukünftige Forschung ergeben. Neben dem Gesellschaftsroman und dem Existenzialismus wurden Richauds Romane noch von anderen

Gattungen und literarischen Traditionen beeinflusst, die in dieser Arbeit nicht thematisiert werden. *La fontaine des lunatiques* und *La nuit aveuglante*, die hier nur kurz erwähnt wurden, sowie einige seiner Kurzgeschichten (beispielsweise "L'étui à Cigarettes") sind Texte mit fantastischen Elementen: In *La fontaine des lunatiques* ist eine der Figuren von der Idee besessen, eine Windorgel für die Himmelsgeister zu bauen, die er am Ende des Romans auf einem Berg aufstellt, um damit eine übersinnliche Musik zu erzeugen. Des Weiteren ist von einem Brunnen die Rede, dessen golden glitzerndes Wasser die Menschen, die es trinken, den Verstand verlieren lässt. Der Protagonist von *La nuit aveuglante* ist, wie bereits erwähnt, durch eine an seinem Gesicht haftende Teufelsmaske verflucht und lebt in einem Haus, das eigenen mysteriösen Gesetzen folgt. In beiden Fällen sind die Texte ambivalent – sowohl eine übernatürliche Erklärung (Magie, die Macht eines übernatürlichen Wesens) als auch eine rationale Erklärung für das Geschehen (Wahnsinn der Figuren, ein Traum, Sagen und Legenden) sind möglich. Diese Ambivalenz zwischen Natürlichem und Übernatürlichem ist auch ein Grundbestandteil von Todorovs Definition der Gattung des Fantastischen (vgl. Todorov 37-38) . Des Weiteren befinden sich in Richauds Romanen an mehreren Stellen intertextuelle Verweise auf E.T.A. Hoffmann (vgl. de Richaud, *La douleur* 45, 118) – das lässt vermuten, dass Richauds Werk von dieser literarischen Tradition beeinflusst wurde. Aus diesen Gründen wäre es von Interesse, Richauds Texte, insbesondere *La fontaine des lunatiques* und *La nuit aveuglante* im Zusammenhang mit Todorovs Theorie des Fantastischen zu betrachten.

Bei meiner stilistischen Untersuchung von *La douleur* wurde deutlich, dass sexuelles Begehren, der Konflikt zwischen sexuellen Trieben und gesellschaftlichen Konventionen sowie der Versuch, das Begehren zu unterdrücken und zu verdrängen, in dem Roman eine bedeutende Rolle spielen. Thérèses Gewohnheit, ihr sexuelles Verlangen (euphemistisch oder selbstzensierend) auf Liebe zurückzuführen und ihr Versuch, ihr unerfülltes sexuelles Verlangen in mütterliche Liebe zu ihrem Sohn umzuwandeln, können mit Freuds Konzept der Verschiebung in Verbindung gebracht werden. Auch das Unheimliche ist in André de Richauds erstem Roman präsent: Beispielsweise denkt Georget an die Ballade *Der Erlkönig*, während er im Dunkeln nach Hause läuft. Der Erlkönig, den er im Dunkeln zu erkennen glaubt, macht ihm Angst, ist ihm aber auch gleichzeitig, durch die Assoziation mit seinem singenden Vater, vertraut. Sich diesen Gedanken hinzugeben ist für Georget zugleich eine lustvolle und Angst einflößende Erfahrung. Aufgrund dieser beiden Aspekte, der Verschiebung und des Unheimlichen, wäre es meines Erachtens ein vielversprechendes Forschungsprojekt, *La douleur* aus psychoanalytischer Perspektive zu untersuchen und zu interpretieren. Auch Thérèses Träume, die in *La douleur* zum Teil detailliert beschrieben werden, könnten das Thema einer Freud'schen oder psychoanalytischen Lektüre sein.

Ein dritter Aspekt, der ein Objekt zukünftiger Forschung sein könnte, ist der Einfluss des Werks von André de Richaud auf andere Autoren seiner Zeit. In dieser Arbeit wurde bereits erwähnt, dass Richaud eine wichtige Inspirationsquelle von Camus war. Eine weitere Autorin, deren literarisches Schaffen möglicherweise durch André de Richaud beeinflusst wurde, ist Marguerite Duras. Es gibt einige Indizien, die für eine Verbindung ihres Werks mit Richaud sprechen: Duras veröffentlicht im Jahre 1985 einen Roman mit dem gleichen Titel, den auch Richauds erster Roman trägt, *La douleur*. Des Weiteren ist bekannt, dass Duras eine eifrige Leserin war und dass sie zwischen 1931 und 1932, also während bzw. kurz nach dem Erscheinen von Richauds gleichnamigem Roman, eineinhalb Jahre lang mit ihrer Familie in Paris lebte (vgl. Philippe XLV-XLVI). Abgesehen von dem identischen Titel, kommt in Duras' *La douleur* wie bei Richaud eine ambivalente Figur namens Thérèse vor. Duras' Thérèse ist ein Mitglied der Résistance, die nach der Befreiung von Paris einen Nazi-Kollaborateur brutal foltert. Sowohl Duras' *La douleur* als auch ihr Szenario *Hiroshima mon amour* sind individuelle Auseinandersetzungen mit Krieg und insbesondere mit dem Umgang mit (sogenannten) Verrätern und erotischer Attraktion zum Feind – dies sind auch zentrale Themen in Richauds *La douleur*. Diese Parallelen könnten ein bewusstes oder unbewusstes Echo von Duras' Lektüre von Richauds erstem Roman. Eine vergleichende Lektüre von Richauds und Duras' *La douleur* sowie die Erforschung des möglichen Einflusses von Richaud auf Duras könnte das Thema zukünftiger Forschung zu Richaud sein.

Mit der vorliegenden Arbeit habe ich versucht einen Einblick in André de Richauds Werk als Romancier zu geben. Richauds Romane, so meine Überzeugung, sind ein unterschätztes, ausgesprochen interessantes und wichtiges literarisches Forschungsgebiet. Insbesondere Richauds vielschichtiger und verblüffend moderner Roman *La douleur* verdient es meines Erachtens, Teil der zeitgenössischen Forschung zur französischen Literatur des 20. Jahrhunderts zu werden. Ich hoffe, mit dieser Arbeit einen Beitrag dazu geleistet zu haben. Um André de Richauds Werk einem größeren Lesepublikum zugänglich zu machen, werde ich *La douleur* ins Deutsche übersetzen. Der Roman wird im März 2019 beim Dörlemann-Verlag erscheinen. Die Übersetzung könnte dazu beitragen, dass dieser bedeutende französische Autor auch im deutschen Sprachraum eine größere Bekanntheit und Anerkennung erlangt.

Bibliographie

Ajac, Bernard. "Introduction." *Madame Bovary: Suivi des actes du procès*, hrsg. von Bernard Ajac, GF Flammarion, 2014.

"André de Richaud: La douleur." *Les nouvelles littéraires, artistiques et scientifiques*, 31.01.1931, S. 4. *Gallica*, http://gallica.bnf.fr/ark:/12148/bpt6k64520072.itemhttp://gallica.bnf.fr/ark:/12148/bpt6k64520072.item. Aufgerufen am 12.08.2017.

Anz, Thomas et al. *Handbuch der literarischen Gattungen*. Hrsg. von Dieter Lamping, Kröner, 2009.

Aristoteles. *La Poétique*. Hrsg. von Roselyne Dupont-Roc und Jean Lallot, übers. von Roselyne Dupont-Roc und Jean Lallot, Seuil, 1980. *Collection Poétique*.

"Au pays des lettres: Lectures: La douleur, par André de Richaud." *L'ami du peuple*, 30.03.1931, [...].

Benoît, Alain. 1968, *André de Richaud*, von de Richaud et al., Le temps qu'il fait, S. 219.

Bergner, Georges. "Le roman d'un jeune: Premier prix honoris causa." *Journal d'Alsace et de Lorraine*, 11.02.1931.

Biermann, Karlheinrich. "Literarisch-politische Avantgarde in Frankreich, 1830-1870: Hugo, Sand, Baudelaire u.a." 1982, S. 256.

Bourget-Pailleron, Robert. "Littérature: La 'douleur'." *L'opinion*, 14.02.1931, S. 11-12.

Brummack, Jürgen. "Satire." *Das Fischer-Lexikon Literatur*, hrsg. von Ulfert Ricklefs, Bnd. 3, Fischer, 2002, S. 1723-1745.

---. "Zu Begriff und Theorie der Satire." *Deutsche Vierteljahrsschrift für Literaturwissenschaft und Geistesgeschichte*, Bnd. 45, Nr. 1, 1971, S. 275-377.

Brun, Olivier. Note de l'éditeur. *Je ne suis pas mort*, von André de Richaud, La Dragonne, 2013, S. 7-13.

Camus, Albert. "L'Étranger." *Albert Camus: Œuvres*, Gallimard, 2013, S. 177-239.

---. "L'homme révolté." *Albert Camus: Œuvres*, Gallimard, 2013, S. 845-1080.

---. "Le mythe de Sisyphe." *Albert Camus: Œuvres*, Gallimard, 2013, S. 251-337.

---. "Rencontres avec André Gide." *Albert Camus: Essais*, hrsg. von Quilliot Roger, Gallimard, 1965, S. 1117-1121.

Charpentier, John. "Les romans." *Mercure de France*, 15.03.1931, S. 654, [...].

153

Chateauvert. "La douleur (3) par André de Richaud." *Le professionnel*, 1931, [...].

Crowell, Steven. "Existentialism." *Existentialism: Critical concepts in philosophy*, hrsg. von Tanja Staehler, 2013.

de Balzac, Honoré. "Avant-propos de Balzac pour la Comédie humaine." *Œuvres complètes de Balzac: La comédie humaine*, Bnd. 1, Club de l'hônnete homme, 1956, S. 59-75.

de Richaud, André. *Échec à la concierge et autres textes*. L'arbre vengeur, 2012.

---. *Je ne suis pas mort*. La Dragonne, 2013.

---. *L'amour fraternel*. Grasset, 2006.

---. *L'étrange visiteur*. Grasset, 1984.

---. *La barette rouge*. Grasset, 2013.

---. *La douleur*. Grasset, 2011.

---. *La fontaine des lunatiques*. Grasset, 2004.

---. *La nuit aveuglante*. Tusitala, 2014.

---. *La rose de noël: Les Brunoy*. Bnd. 2, Grasset, 1946.

---. *Le mauvais: Les Brunoy*. Grasset, 1945.

de Richaud, André et al. *André de Richaud*. Hrsg. von Patrick Cloux, Bnd. 3-4, Le temps qu'il fait, 1985.

"Deadly sin." *Encyclopædia Britannica*, Encyclopædia Britannica 2008 Ultimate reference suit, 2008.

Denny, Claude. "Chronique littéraire: La douleur, par André de Richaud." *Le soir*, 15.06.1931.

Descaves, Pierre. "A travers les lettres: Ils étaient trois." *L'Européen*, S. 4, *Gallica*, http://gallica.bnf.fr/ark:/12148/bpt6k55101885.item. Aufgerufen am 11.08.2017.

Duras, Marguerite. *Hiroshima mon amour: scénario et dialogue*. Gallimard, 1960.

Duras, Marguerite und Alain Resnais. *Hiroshima mon amour: Scénario et dialogues*. Gallimard, 1967. Resnais Alain.

Dussert, Éric. "André de Richaud." *Échec à la concierge et autres textes*, hrsg. von Éric Dussert, L'arbre vengeur, 2012, S. 0 (Buchumschlag).

Emmerod. "A propos d'un prix refusé: La douleur par André de Richaud." *Nouveau Journal*, 24.03.1931.

Ernest-Charles, J. "Les livres à travers la quinzaine." 1931, S. 664-666. Aufgerufen am [...].

"Existentialism." *Encyclopedia Britannica: Ultimate edition 2008*, Encyclopedia Britannica Ultimate Reference Suite, 2008.

Flaubert, Gustave. *Madame Bovary: Suivi des actes du procès*. Hrsg. von Bernard Ajac, GF Flammarion, 2014.

Fludernik, Monika. "Interfaces of language: The case of irony." *Irony revisited: Spurensuche in der englischsprachigen Literatur*, hrsg. von Thomas Honegger et al., Königshausen & Neumann, 2007, S. 11-26.

Foucault, Michel. *Histoire de la sexualité: La volonté de savoir.* Bnd. 1, Gallimard, 2012.

---. *L'archéologie du savoir.* Gallimard, 1969.

Frères, Manuel. *Richaud jeune homme.* 1931, Grasset. *André de Richaud,* von de Richaud et al., Le temps qu'il fait, S.217.

Frischmann, Bärbel et al. *Ironie in Philosophie, Literatur und Recht.* Hrsg. von Bärbel Frischmann, Königshausen & Neumann, 2014.

Genette, Gérard. *Figures: Essais.* Bnd. 3, Seuil, 1972.

---. *Palimpsestes: La littérature au second degré.* Seuil, 1982.

Gras, Marcel. "Chronique des livres: La douleur par André de Richaud." *Le petit Marseillais*, 4.03.1931.

"Groteske." *Metzler-Literatur-Lexikon: Begriffe und Definitionen*, hrsg. von Günther Schweikle und Irmgard Schweikle, 2., überarb. Aufl., Metzler, 1990, S. 186.

"Grotesque, theories of the." *Encyclopedia of contemporary literary theory: Approaches, scholars, terms*, hrsg. von Irena R. Makaryk, University of Toronto Press, 1994, S. 85.

"Huis." *Trésor de la langue française, atilf*, http://stella.atilf.fr/Dendien/scripts/tlfiv5/advanced.exe?8;s=150 440310;. Aufgerufen am 10.08.2017.

Hutcheon, Linda. *Irony's edge: The theory and politics of irony.* Routledge, 1995.

"Idole." *Trésor de la langue française, atilf*, http://atilf.atilf.fr/dendien/scripts/tlfiv5/advanced.exe?8;s=24900 72450;. Aufgerufen am 10.08.2017.

"Illuminer." *Trésor de la langue française, atilf*, http://atilf.atilf.fr/dendien/scripts/tlfiv4/showps.exe?p=combi.ht m;java=no;. Aufgerufen am 10.08.2017.

"Intertextualität." *Duden,* http://www.duden.de/rechtschreibung/Intertextualitaet. Aufgerufen am 11.08.2017.

J.L. "André de Richaud: La douleur: Grasset." *Divan*, 1.03.1931, [...].

Jaloux, Edmond. "L'esprit des livres." *Nouvelles littéraires*, 7.03.1931.

Klinkert, Thomas. *Einführung in die französische Literaturwissenschaft.* 4., durchges. Aufl., Schmidt, 2008.

La douleur/André de Richaud: Préface. *La douleur*, von André de Richaud, Grasset, 2011, S. 7-9.

La Sainte Bible. Version Augustin Crampon, Société de S. Jean L'evangéliste, 1904. *Gallica,* http://catalogue.bnf.fr/ark:/12148/cb33259872d. Aufgerufen am 11.08.2017.

"La vie en France: Les livres du mois." *Revue de l'Amérique Latine*, 1.04.1931 S. 329-330.

Le Grix, François. "Le Prix du premier roman: À propos d'un prix non déscerné: André de Richaud." *La Revue hebdomadaire: Romans, histoire, voyages*, Bnd. 06, 1930, S. 59-72, *Gallica*, http://gallica.bnf.fr/ark:/12148/cb34350607j/date. Aufgerufen am 21.04.2016.

Léon, Victor et al. "Heure exquise: Valse de l'opérette "La veuve joyeuse"." *International lyrics playground.* übers. von Caillavet, Gaston-Arman und Robert de Flers, http://lyricsplayground.com/alpha/songs/h/heureexquise.shtml. Aufgerufen am 12.08.2017.

"Les deux jeunes dont on parle." *Europe*, 15.03.1931. *Gallica*, http://gallica.bnf.fr/ark:/12148/cb34348609z/datehttp://gallica.bnf.fr/ark:/12148/cb34348609z/date. Aufgerufen am 14.08.2017.

"Les lettres: Art et morale." 1931, S. 465-467, [...].

"Les livres et les idées." 1931, [...].

"Les livres: André de Richaud: La douleur." *Sud-Ouest Républicain*, 13.02.1931, [...].

Les quatre Évangiles. Version Augustin Crampon, Tolra et Haton, 1864. *Google Books*, https://books.google.de/books?id=tu7RzPihVyYC&dq=les+quatre+%C3%A9vangiles&hl=de&source=gbs_navlinks_s. Aufgerufen am 11.08.2017.

"Les romans." *Revue de lectures*, 15.03.1931, [...].

Lukács, Georg. *Balzac und der französische Realismus.* Aufbau-Verlag, 1952.

Malves, Jean-Louis. *Sol y sombra, Joseph Delteil et André de Richaud.* Loubatières, 1994.

Marcel, Gabriel. "La douleur, par André de Richaud." *La quinzaine critique des livres et des revues*, S. 367-368.

Margueritte, Victor. "La douleur, par M. André de Richaud." *La volonté*, 22.03.1931.

Morel, Robert. "Robert Morel parle d'André de Richaud." *Les Nouvelles Littéraires*, Nr. 2142, 1968, S. 2, *présences.online*, http://www.presences.online.fr/sitemorel/site/auteurandrerichaud.html. Aufgerufen am 10.08.2017.

Müller, Silke und Susanne Wess. *Studienbuch Neuere Deutsche Literaturwissenschaft, 1720-1848.* Königshausen & Neumann, 1999.

"Nos amis les livres: La douleur et la mort." *Journal de l'ouest*,
    1.03.1931, [...].
"Novel of manners." *Encyclopedia Britannica*, Encyclopedia Britannica
    Ultimate Reference Suite, 2008.
Pascal, Sophie und Soizig Donin. "L'image héroïque des soldats en
    France pendant la guerre." *Bibliothèque nationale de France*,
    2014, *BnF*, http://expositions.bnf.fr/guerre14/pedago/01.htm.
    Aufgerufen am 11.08.2017.
Petit, Stéphanie. "Le deuil des veuves de la grande guerre: Un deuil
    spécifique?" *Guerres mondiales et conflits contemporains*, Nr.
    198, 2000, S. 53-65, *JSTOR*,
    http://www.jstor.org/stable/25732676. Aufgerufen am
    12.07.2016.
Philippe, Gilles. "Chronologie." *Marguerite Duras Œuvres complètes*,
    hrsg. von Gilles Philippe et al., Bnd. I-IV, Gallimard, 2014.
Posner, Roland. "Kultursemiotik." *Konzepte der Kulturwissenschaften:
    Theoretische Grundlagen - Ansätze - Perspektiven*, hrsg. von
    Ansgar Nünning und Vera Nünning, J.B. Metzler, 2003, S. 39-
    65.
R.D. "Andre de Richaud. La douleur. Roman (Grasset, ed.)." *Réactions*,
    05.1931, S. 42-43 [...].
Reynolds, Jack. "Existentialism." *Existentialism: Critical concepts in
    philosophy*, hrsg. von Tanja Staehler, 2013.
Robert, Camille und Louis Bousquet. 1914, *Gallica*,
    http://catalogue.bnf.fr/ark:/12148/cb43235691v. Aufgerufen am
    14.08.2107.
Roloff, Volker. "L'être et le néant." *Kindlers Literatur-Lexikon*, hrsg. von
    Heinz Ludwig Arnold, J.B. Metzler, 2009, S. 400-403.
Ruoff, Michael. "Diskurs." *Foucault-Lexikon: Entwicklung - Kernbegriffe
    - Zusammenhänge*, 3. aktual. u. erw. Aufl., W. Fink, 2013, S. 99-
    109.
Sabord, Noël. *Paris matin*, 26.02.1931, [...].
"Sale." *Trésor de la langue française, atilf*,
    http://atilf.atilf.fr/dendien/scripts/tlfiv4/showps.exe?p=combi.ht
    m;java=no;. Aufgerufen am 10.08.2017.
Sartre, Jean-Paul. *L'être et le néant: Essai d'ontologie phénoménologique*.
    Gallimard, 1979.
---. *L'existentialisme est un humanisme*. Nagel, 1948.
---. *La nausée*. Gallimard, 1968.
Switzer, Richard. "The 'Roman de moeurs': Developement of a Concept."
    The French Review, Bnd. 32, Nr. 6, 1959, S. 566-567, *JSTOR*,
    http://www.jstor.org/stable/384013. Aufgerufen am 26.09.2016.

"Ten commandments." *Encyclopædia Britannica*, Encyclopædia
    Britannica 2008 Ultimate reference suit, 2008.
Todorov, Tzvetan. *Introduction à la littérature fantastique.* Seuil, 1976.
Truc, Gonzague. *Comoedia*, 17.02.31, [...].
Virot, Benoît. Carton rouge à André de Richaud: Postface. *La nuit
    aveuglante*, von André de Richaud, Tusitala, 2014, S. 51-61.
Zola, Émile. "Germinal." *Les Rougon-Macquart*, hrsg. von Colette
    Becker et al., Bnd. IV, Robert Laffon, 2002.

Abbildungsverzeichnis

Anhang

Bibliographie André de Richaud

1927   *Comparses.* Éditions des Heures, 1927.

          ---. Le temps qu'il fait, 1984.

          ---. Les éditions du Toulourenc, 2009.

1928   *Vie de saint Delteil.* Nouvelle société d'édition, 1928.

          ---. Calligrammes/Le temps qu'il fait, 1984.

1930   *La création du monde.* Grasset, 1930.

          ---. R. Morel, 1968.

          ---. Beaux livres, grands amis, 1970.

1931   *La douleur.* Grasset, 1931.

          ---. R. Morel, 1968.

          ---. Le livre de poche, 1972.

          ---. Grasset, 1988.

          ---. Grasset, 1993.

          ---. Grasset, 2011.

1932   *La fontaine des lunatiques.* Grasset, 1932.

          ---. Le passeur, 1995.

          ---. B. Grasset, 2004.

1936   *L'amour fraternel.* Grasset, 1936.

          ---. Grasset, 2006.

1937   *Le droit d'asile: Premiers poèmes 1925-1930.* En marge, 1937.

1938   *La barette rouge.* Grasset, 1938.

          ---. Grasset, 1983.

          ---. Grasset, 1987.

          ---. Grasset, 1997.

161

1942	de Richaud, André. "Automne." *Pour les quatre saisons*, hrsg. von Pierre Seghers, Poésie 42, 1942.
1944	*La confession publique*. P. Seghers, 1944.
	---. Les cahiers du double, 1982.
1945	*La nuit aveuglante*. R. Laffont, 1945.
	---. Robert Morel, 1966.
	---. Gérard, 1972.
	---. Deyrolle, 1996.
	---. Tusitala, 2014.
1945	*Le mauvais: Les Brunoy*. Grasset, 1945.
1946	*La rose de noël: Les Brunoy*. vol. 2, Grasset, 1946.
1947	*Le mal de la terre*. Charlot, 1947.
	---. Le temps qu'il fait, 1985.
1949	de Richaud, André und Pierre Seghers *La création du monde précédé de : Richaud du Comtat*. Les exemplaires, 1949.
1954	*Le droit d'asile: 1943-1953*. P. Seghers, 1954.
1955	"L'étrange visiteur." *Les oeuvres libres*. A. Fayard, 1955.
1956	*L'étrange visiteur* Grasset, 1956.
	---. Grasset.1984.
	---. Grasset.1988.
	---. Grasset.2015.
	---. Grasset.2017.
1957	*André de Richaud. Théâtre*. Fasquelle, 1956.
1965	*Je ne suis pas mort*. R. Morel, 1965.
	---. R. Morel, 1983.
	---. La dragonne, 2002.
	---. La dragonne. 2013.
1966	de Richaud, André und Marc Alyn. *André de Richaud: Présentation, choix de textes, bibliographie*. P. Seghers, 1966.

1970*	*Il n'y a rien compris.* R. Morel, 1970.
1985*	de Richaud, André et al. *André de Richaud.* Hrsg. von Patrick Cloux, cahier trois-quatre, Le temps qu'il fait, 1985.
1989*	de Richaud, André. *La part du diable: Nouvelles.* Hrsg. von Patrick Cloux, Le temps qu'il fait, 1989.
1996*	de Richaud, André und Patrice Beray. *Le droit d'asile & poèmes épars.* Hrsg. von Patrice Thierry, L'éther vague, 1996.
2009*	*Pays natal, pays mortel.* Les éditions du Toulourenc, 2009.
2009*	*Quatre nouvelles.* Les éditions du Toulourenc, 2009.
2012*	*Échec à la concierge et autres textes.* L'arbre vengeur, 2012.

Notiz zur Bibliographie von André de Richaud:

Diese Bibliographie soll einen Überblick über die Chronologie von André de Richauds Werk und den Veröffentlichungszyklus seiner Bücher in Frankreich geben. Es sind hier ausschließlich Richauds in Büchern publizierte Texte aufgeführt. Er veröffentlichte ebenfalls zahlreiche Texte in Zeitschriften und Revuen, u.a. in *Le feu*, *Les cahiers du sud* und *Caliban*. In dieser Bibliographie sind diese Publikationen nicht aufgeführt. Für eine Bibliographie, die auch diese Veröffentlichungen miteinbezieht, siehe *André de Richaud* (1985), herausgegeben von Patrick Cloux. Richauds posthum erschienene Texte sind hier durch Asterisken (*) gekennzeichnet. Die Daten der Bibliographie sind dem Buch *André de Richaud* (de Richaud et al. 235-238) sowie dem Katalog der *Bibliothèque nationale de France* entnommen.